그림으로 보는

한국 지리

⦿ 사진 제공
국가유산청(www.khs.go.kr)
45쪽–덕수궁 석조전, 배재학당 역사 박물관, 옛 러시아 공사관, 57쪽–수원 화성, 66쪽–남한산성, 85쪽–영월 고씨 동굴, 86쪽–백룡 동굴, 104쪽–공주 무령왕릉, 105쪽–정림사지 5층 석탑, 120쪽–팔상전, 141쪽–순천만, 143쪽–고창 부곡리 고인돌, 164쪽–괭이갈매기, 바다제비, 169쪽–우포늪, 170쪽–고성 공룡 발자국, 171쪽–팔만대장경, 177쪽–성산 일출봉, 178쪽–한라산, 179쪽–구상나무 열매, 한라구절초, 복수초, 바늘엉겅퀴

국토지리정보원(www.ngii.go.kr)
12쪽–인구 밀도 지도, 기온과 강수량 지도, 13쪽–국립 공원 분포 지도, 하천 지형 지도, 15쪽–대축척 지도, 소축척 지도

국립중앙박물관(www.museum.go.kr)
31쪽–대동여지도

평창군청(www.pc.go.kr)
87쪽–HAPPY700 상표

그림으로 보는 한국 지리

초판 1쇄 발행 2025년 11월 10일

글 윤슬 | **그림** 홍연시

발행인 오형석
편집장 이미현 | **편집** 정은혜 | **디자인** 이희승
발행처 (주)계림북스
신고번호 제2012–000204호 | **등록일자** 2000년 5월 22일
주소 서울시 마포구 창전로 74 여촌빌딩 3층
대표전화 (02)7079–900 | **팩스** (02)7079–956
도서문의 (02)7079–913
홈페이지 www.kyelimbook.com

ISBN 978–89–533–3586–8 74900 | 978–89–533–3576–9(세트)

교과서 속
지리와 문화유산

그림으로 보는 한국 지리

글 윤슬 | 그림 홍연시

계림북스
kyelimbooks

들어가는 말

세상을 만나는 첫걸음, 지리

한반도가 그려진 지도를 펼쳐 놓고 산맥과 강을 들여다본 적이 있나요? 동서남북을 자유롭게 돌아다니며 우리나라 구석구석을 여행하는 느낌이 들지요. 지금은 휴전선으로 가로막혀 자유롭게 갈 수 없는 북한까지도 살펴볼 수 있답니다.

지리 공부는 지도와 그 속에 담겨 있는 사람들이 살아가는 이야기를 만나는 과정이에요. 〈그림으로 보는 한국 지리〉를 통해 한반도와 그 주변에서 펼쳐지는 갖가지 모습을 만나 볼 수 있어요.

가장 많은 사람이 살고 있는 서울특별시와 경기도, 산지가 많고 특별한 지형이 나타나는 강원특별자치도, 한반도 중앙에 위치해 교통의 중심지인 충청도, 가장 넓은 곡창 지대를 품고 있는 전라도, 일찍부터 공업이 발달한 경상도, 자연의 신비로 가득한 제주특별자치도까지. 발길 닿는 대로 여행하듯 우리 함께 지리 여행을 떠나 볼까요? 우리나라 각 지역의 독특한 자연환경과 다양한 문화 등을 살펴보며 세상을 보는 눈을 넓혀 보세요.

윤슬

차례

궁금해요! 지리

서울특별시와 경기도

산지가 많은 강원특별자치도

우리나라 교통의 중심지인 충청도

곡창 지대를 품고 있는 전라도

중화학 공업이 발달한 경상도

자연의 신비가 가득한 제주도

방위, 축척, 기호…… 지도 한번 보는데 왜 이렇게 복잡한 게 많냐고요?

처음에는 좀 어려울 수 있지만 지도와 지리에는 우리가 살고 있는 곳에 대한 다양한 이야기가 담겨 있어요. 이야기를 살펴보면 지도 속 암호들을 쏙쏙 이해할 수 있게 되지요.

우리 함께 지리 공부하러 출발해 볼까요?

궁금해요! 지리

지도가 들려주는 이야기

지도는 땅을 내려다본 그림이에요

내가 사는 동네를 한눈에 보고 싶다면 어떻게 해야 할까요? 커다란 건물들 사이에서 주위를 둘러보면 시야가 가려져 주변에 뭐가 있는지 알기 어려워요. 하지만 하늘에서 아래를 내려다보면 내가 사는 곳의 땅 모양은 어떤지, 강이나 산이 어디에 있는지 쉽게 알 수 있지요. 그래서 지도가 생겨났어요. 지도는 넓은 땅을 한눈에 보기 위해 일정한 비율로 줄이고, 기호를 이용해 땅의 모습을 단순하게 나타낸 것이에요. 지도는 기능에 따라 일반도와 주제도로 나뉘어요. 일반도는 기본적인 지형이 나타나 있는 지도예요. 주제도는 한 가지 주제에 맞춰 표현한 특별한 지도고요.

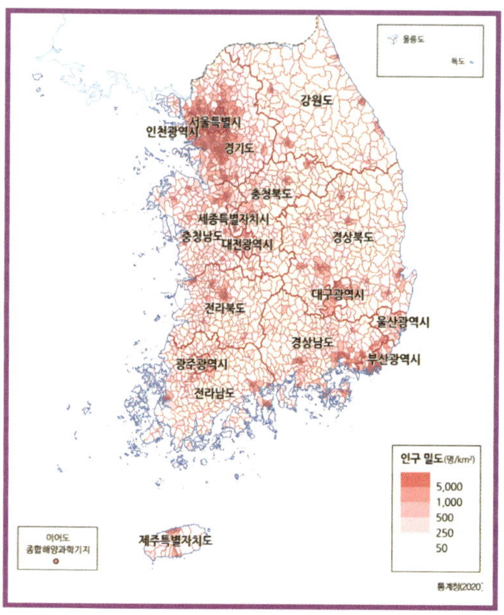

인구 밀도 지도

지역별 단위로 분포하는 인구수를 보여 줘요.

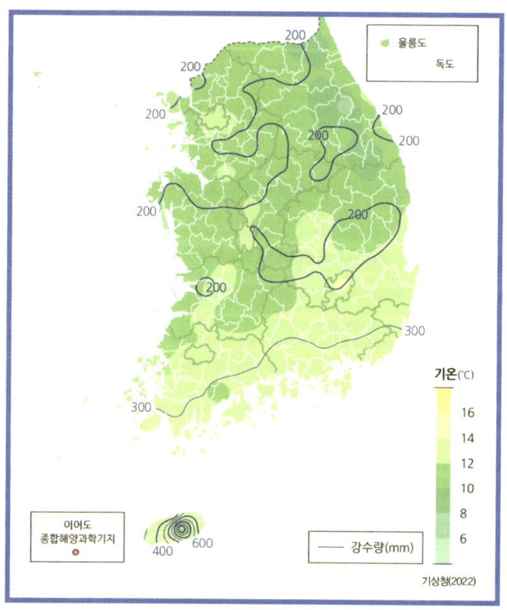

기온과 강수량 지도

계절별 평균 기온과 강수량을 살펴봐요.

지리는 내가 살고 있는 땅에 나타나는 다양한 상황을 말해요. 땅 위에 어떤 자연환경이 펼쳐지는지, 어떤 농작물이 자라는지, 그 속에서 사람들이 어떻게 살아가는지, 무슨 산업이 발달했는지, 교통은 어떤지 등 자연과 함께 살아가는 사람들의 이야기지요. 어떤 땅에서 사느냐에 따라 사람들은 각각 다른 모습으로 살아가요. 그래서 지리를 공부하면 주변 지역뿐 아니라 세계에 대한 이해도가 높아지지요.

국립 공원 분포 지도

국립 공원의 분포와 특성을 보여 줘요.

하천 지형 지도

5대강 유역의 범위와 분포를 알아봐요.

방위와 축척을 알아야 지도를 읽을 수 있어요

“지도를 보고 동쪽으로 쭉 가면 시청 건물이 나올 거예요.”

“아무리 동쪽으로 가도 시청이 안 보이는데요?”

그렇다면 잠깐! 혹시 방위를 잘못 읽은 게 아닐까요? 방위란 방향을 알려 주는 거예요. 보통 지도에서는 주로 4방위표나 8방위표로 방위를 나타내요. 동, 서, 남, 북의 네 방향을 4방위라 하고 이를 더 자세하게 나누어 8방위, 16방위, 24방위, 32방위로 이름 붙인답니다.

방위를 알면 가고자 하는 곳으로 쉽게 갈 수 있어요. 혹시 지도에 방위표가 없더라도 당황하지 마세요. 지도의 위쪽이 북쪽, 아래쪽이 남쪽, 오른쪽이 동쪽, 왼쪽이 서쪽이에요.

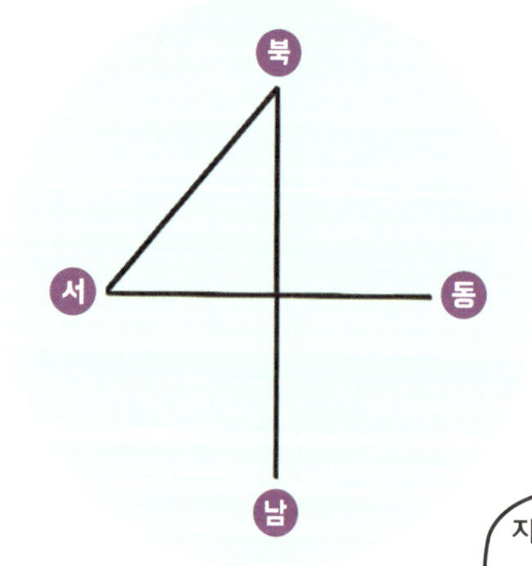

4방위표

8방위표

코끼리를 그리고 싶은데 종이가 작아서 고민하는 아이에게 엄마가 말했어요.

“줄여서 그리면 되지!”

지도 또한 마찬가지예요. 이 넓은 땅을 원래 크기대로 그릴 수 없어요. 그래서 일정한 비율로 줄여 그린답니다. 이 비율을 ‘축척’이라고 해요.

축척에는 대축척과 소축척이 있어요. 대축척 지도는 실제 거리를 조금 줄인 지도이고, 소축척 지도는 실제 거리를 많이 줄인 지도예요. 보통 우리나라 전도나 세계 지도처럼 아주 큰 땅은 소축척 지도로 나타내고, 동네 지도 같은 좁은 땅은 대축척 지도로 나타내요.

축척의 표시 방법

막대식	분수식	비례식
0 0.5km	$\frac{1}{25,000}$	1 : 25,000

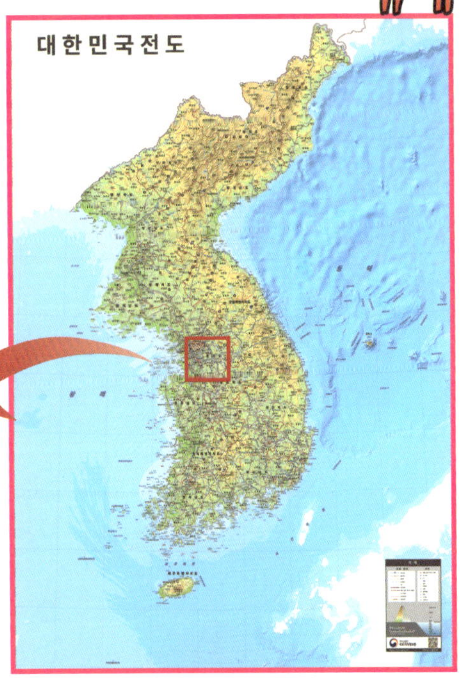

대축척 지도

소축척 지도

등고선과 기호로 지도 속 정보를 알아요

봉우리마다 높이가 다른 산을 평평한 종이에 그리려면 등고선을 이용해 그리면 돼요. '등고선'은 지도에서 땅의 높이가 같은 지점들을 연결한 선으로 땅의 높낮이를 나타내요. 바깥쪽에서 안쪽으로 갈수록 높은 곳이지요. 등고선의 간격이 좁을수록 경사가 급하고, 등고선의 간격이 넓을수록 경사가 완만하다는 것을 의미해요. 땅의 높이에 따라 색깔을 다르게 칠하기도 하지요. 높이가 낮으면 초록색 계열이고, 높아질수록 노란색, 갈색, 고동색 등으로 나타낸답니다.

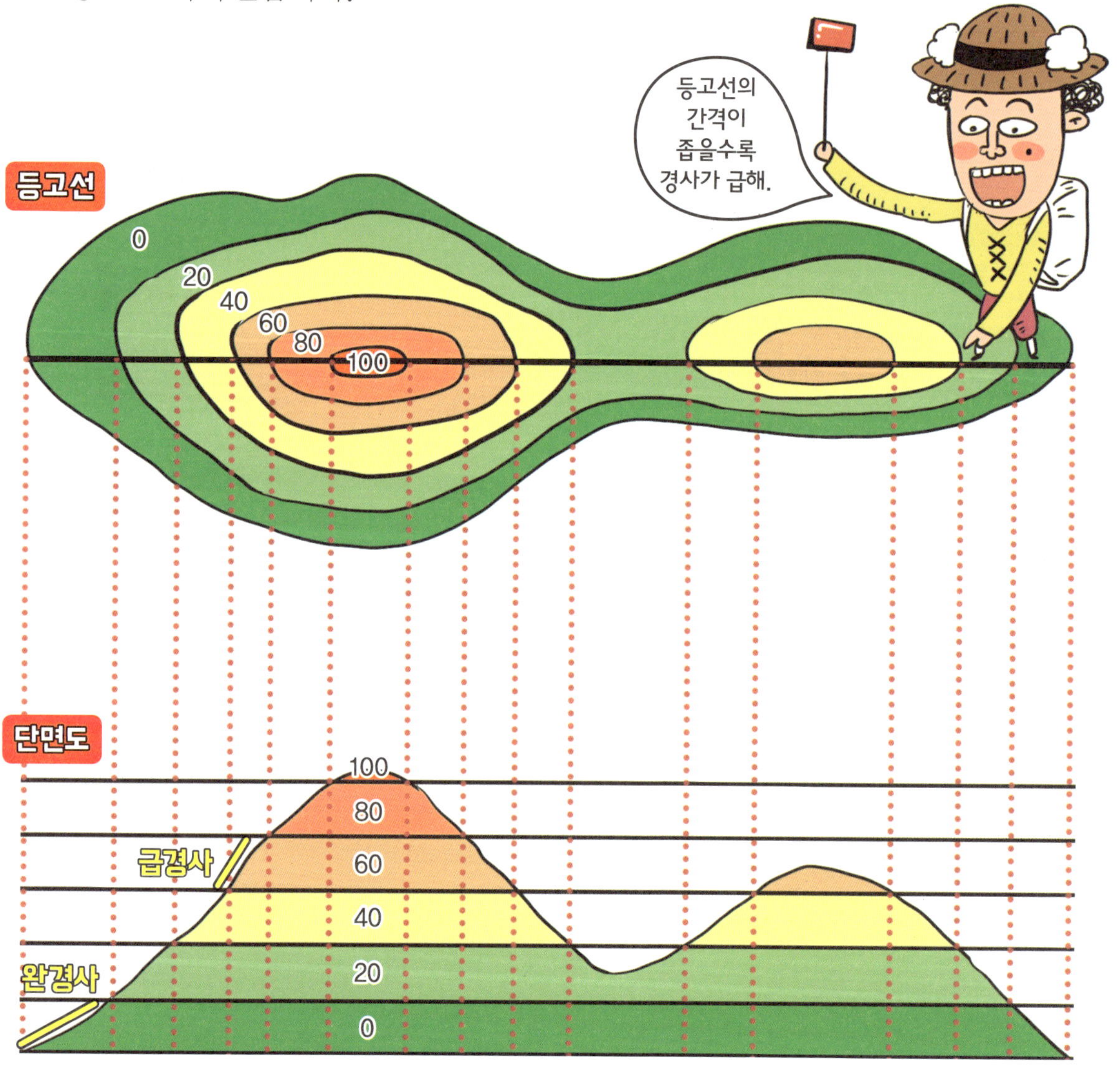

작은 지도 안에 많은 건물과 도로 등을 나타내려면 어떻게 해야 할까요? 지도는 누구나 방향과 위치를 찾을 수 있게 그려야 해요. 그래서 복잡한 땅의 모습을 단순하게 나타내기 위해 약속으로 정해 놓은 기호를 사용하지요. 기호는 땅 위에 있는 건물이나 도로, 하천 같은 여러 가지 것들을 간략하게 줄여 나타냈어요. 실제 모습을 간단하고 단순하게 만든 기호를 사용했지요.

우리나라의 위치와 영역

대한민국의 위치와 영토를 알아보아요

우리나라는 아시아 대륙의 동쪽에 있어요. 주변에는 중국, 일본, 러시아 등이 있지요. 우리나라는 삼면이 바다로 둘러싸인 반도 국가이기 때문에 대륙과 바다로 진출하기에 좋아요. 이러한 위치 때문에 예로부터 대륙과 바다를 이어 주는 다리 역할을 했어요.

대한민국은 북반구에 있어요. 대한민국의 위치를 위도와 경도를 이용해 나타내면 북위 33도~43도, 동경 124도~132도에 있답니다.

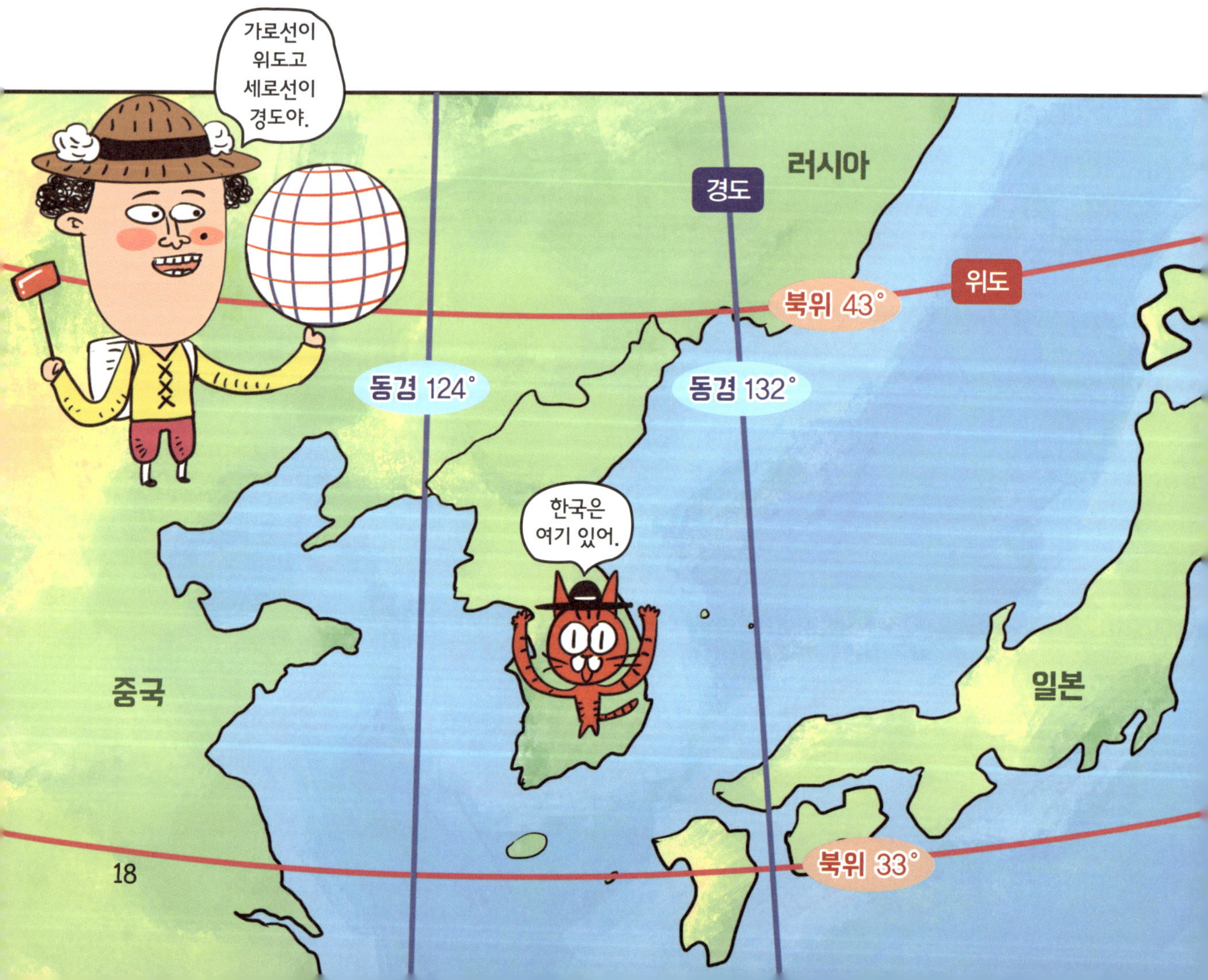

한 국가의 영역은 어디까지일까요? 국가의 영역은 국가의 주권이 미치는 범위로 영토(땅)와 영해(바다), 영공(하늘)을 말해요. 우리나라 영토는 한반도와 그 주변의 크고 작은 여러 섬으로 구성되어 있어요. 한반도에서 '반도'란 삼면이 바다로 둘러싸이고 한 면은 육지와 연결된 땅을 말해요. 우리 민족인 한민족이 사는 반도라 한반도라 부르는 거예요.

우리나라의 영해와 영공은 어디까지일까?

바다에도 주인이 있을까요? 당연하지요. 한 나라의 통치권이 미치는 바다의 범위를 '영해'라고 해요. 영해에서는 다른 나라 배들이 허락 없이 고기잡이를 할 수 없어요. 우리나라 영해의 기준이 되는 선은 서해안과 남해안, 동해안이 각각 달라요. 섬이 적은 동해안과 울릉도, 독도, 제주도는 바닷물이 가장 많이 빠졌을 때(썰물) 해안선으로부터 12해리★(약 22킬로미터)까지가 우리나라 바다예요. 그러나 섬이 많은 서해안과 남해안은 가장 바깥에 위치한 섬들을 연결한 선으로부터 12해리까지가 우리 바다지요.

★**해리** 바다 위나 공중에서의 거리를 나타낼 때 쓰는 단위로, 나라마다 약간씩 차이가 있지만 1해리는 1,852미터예요.

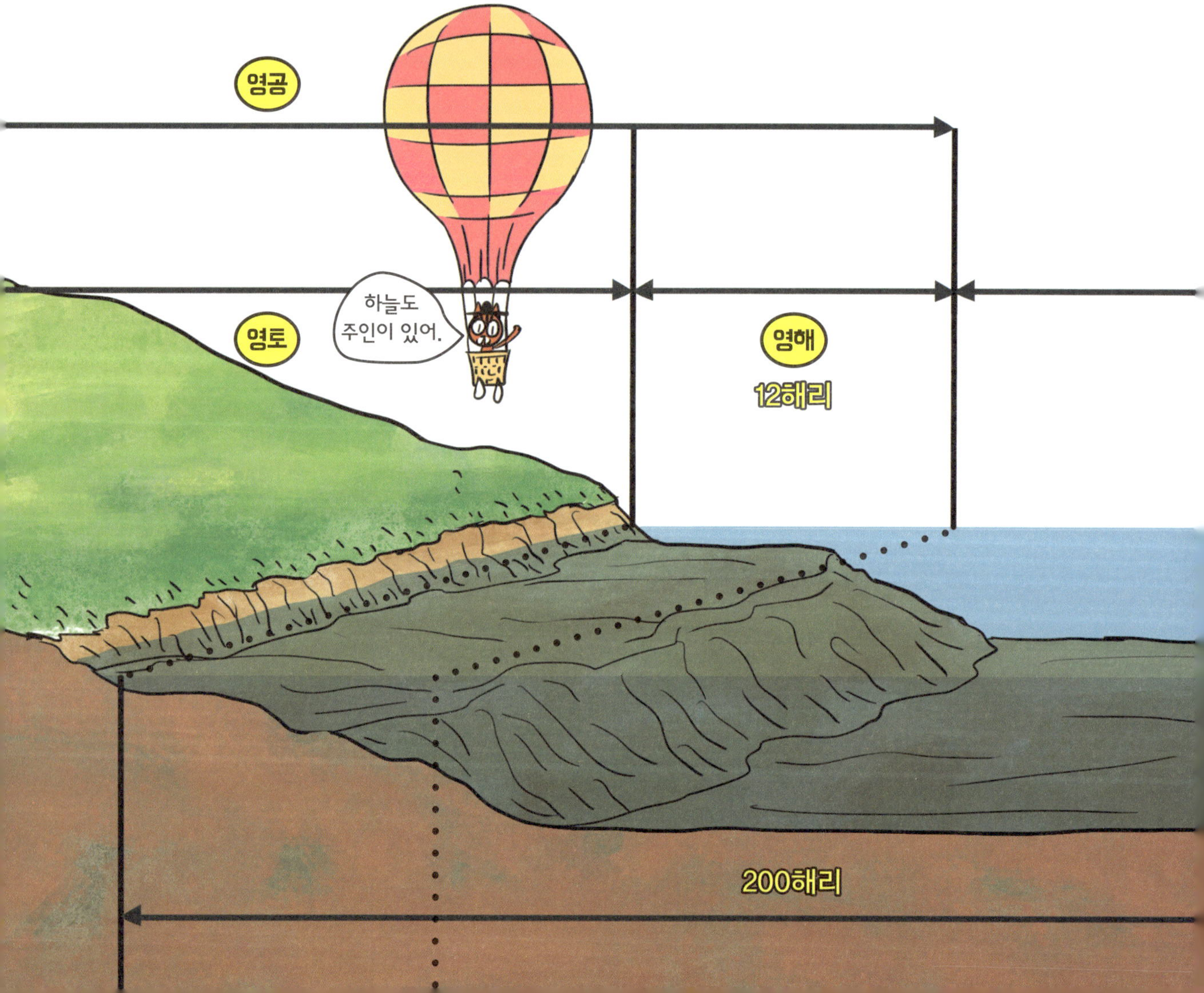

바다에도 주인이 있듯이 하늘도 주인이 있어요. 그래서 다른 나라 비행기가 마음대로 우리나라 하늘을 날아다닐 수 없어요. 그렇다면 어디까지가 우리나라 하늘, 즉 '영공'일까요? 영공은 그 나라의 땅과 바다 위에 있는 하늘을 말해요. 예전에는 대기권★ 높이 정도를 영공으로 생각했어요. 대기권 밖의 우주는 영공으로 인정하지 않았지요. 그러나 오늘날에는 항공기와 인공위성이 발달해 영공의 경계가 되는 높이가 어디까지인지 명확하게 정하기 위한 논란이 끊이지 않고 있어요.

★**대기권** 지구를 에워싸고 있는 공기층을 말하며, 지표면으로부터 약 1,000킬로미터에 이르러요.

한눈에 살펴보는 우리나라

동고서저의 지형을 갖고 있어요

우리나라에는 산이 굉장히 많아요. 우리나라 땅의 70퍼센트 이상이 산지예요. 주로 북쪽과 동쪽에 많아요. 서쪽에는 주로 낮은 평야가 발달했어요. 이런 지형을 '동고서저'라고 해요. 동쪽이 높고 서쪽이 낮다는 뜻이에요. 그러다 보니 강은 주로 높은 동쪽에서 낮은 서쪽으로 흐르지요. 그래서 서쪽에는 강물이 운반해 온 물질들이 쌓여 넓은 평야가 만들어졌답니다. 우리나라 산들은 줄기처럼 이어져 있어요. 이 산줄기를 '산맥'이라고 해요. 그 산맥을 따라 천천히 걸어 볼까요? 마치 척추처럼 이어져 있지요? 한반도의 등뼈 역할을 하는 두 산맥이 바로 낭림산맥과 태백산맥이에요. 우리 조상들은 우리나라에서 가장 높은 북쪽의 백두산에서 시작해 두류산, 금강산, 설악산, 지리산까지 끊어지지 않고 이어지는 줄기를 '백두 대간'이라고 불렀어요.

백두 대간
백두산
낭림산맥
두류산
금강산
설악산
태백산맥
오대산
김포평야
북한산
차령산맥
태백산
소백산
소백산맥
노령산맥
지리산
산맥은
한반도의
등뼈 역할을 해.
오대산
동쪽
동해

넓게 펼쳐진 평야와 삼면을 둘러싼 해안

지도를 보면 실핏줄처럼 보이는 파란 선이 보일 거예요. 바로 한반도에 흐르는 강줄기랍니다. 우리나라 강들은 동쪽에서 서쪽으로 흘러요. 옛날에는 강줄기를 따라 배를 타고 이동하거나 물건을 실어 날랐어요. 또 농사짓고 살기 좋아서 강 주변에 사람들이 많이 모여 살았어요. 그러면서 자연스럽게 도시가 발달했지요.

우리나라는 삼면이 바다로 둘러싸여 있어요. 각 해안마다 모습이 다르지요. 서해안은 해안선이 복잡하고 섬과 만,★ 반도가 많아요. 또 밀물과 썰물의 차가 커서 갯벌이 넓게 펼쳐져 있어요. 남해안은 해안선의 드나듦이 복잡하고 크고 작은 섬이 많아 '다도해'라고 불린답니다. 서해안과 남해안에 비해 동해안은 해안선이 단조로워요. 그리고 고운 모래사장이 발달해 해수욕장으로 이용되지요.

★**만** 바다가 육지 속으로 깊숙이 들어온 곳을 말해요.

사계절이 있고 온화해요

우리나라는 비교적 따뜻한 온대 기후로 봄, 여름, 가을, 겨울 사계절의 변화도 있지요. 여름은 덥고 비가 많이 오고 겨울에는 춥고 건조해요. 우리나라는 계절에 따라 서로 다른 바람이 불어요. 여름에는 적도 부근의 태평양에서 불어오는 더운 바람의 영향으로 기온이 높아, 덥고 비가 많이 와요. 최근에는 기후 변화로 열대 지방에서 나타나는 세찬 소나기인 스콜 현상이 나타나요. 겨울에는 북쪽의 시베리아에서 불어오는 차가운 바람의 영향으로 기온이 낮아, 춥고 눈이 많이 내리지요.

한반도는 남북으로 길게 뻗어 있어서 남북 간의 기온 차가 커요. 남쪽에 위치한 서귀포는 한겨울에도 기온이 0도 아래로 내려가는 일이 거의 없을 정도로 따뜻해요. 하지만 북쪽에 있는 중강진은 한반도에서 가장 추운 지역으로, 최북단은 아니지만 고산 지대라 기온이 낮아요. 겨울에 기온이 영하 20도 가까이 내려갈 정도로 무척 추워요. 강릉과 인천은 비슷한 위도에 있는데 겨울 기온이 달라요. 강원도에 있는 태백산맥이 시베리아에서 불어오는 차가운 바람을 막고, 동해안에 흐르는 따뜻한 난류가 기온을 높여 주기 때문이지요.

지형에 따라 사는 모습이 달라요

산이 있는 곳, 평야가 발달한 곳, 바다가 있는 곳에 사는 사람들은 서로 다른 일을 하면서 살아요. 산이 있는 곳에는 여름철이 서늘하기 때문에 감자나 배추 등을 농사지어요. 약초나 나물을 캐기도 하지요. 언덕에는 목장을 만들어 소나 양 등을 키운답니다.

아름다운 산과 울창한 숲은 관광지로도 이용돼요. 산지에 지하자원이 많이 묻혀 있어 광업이 발달하기도 했어요.

평야가 발달한 곳에서는 예부터 농사를 짓고 살았어요. 마을을 이루어 모여 살았고, 도시도 발달했어요. 공주, 부여, 경주, 서울 등 옛 왕조의 수도가 있었던 곳도 대부분 넓은 평야 지역이에요.

바다가 있는 곳은 고기잡이를 하며 살아요. 염전으로 소금을 만들거나 김, 미역, 굴 등을 키우는 양식업을 하기도 해요. 넓은 모래사장이 펼쳐진 곳은 해수욕장으로 이용되지요.

한국 지리 배움터

우리 선조들이 만든 지도

우리나라에서 만들어진 최초의 전국 지도는 '동국지도'예요. 세조 때인 1463년에 양성지 등이 실제 거리를 재서 만든 지도이지요. 세종 때 장영실이 거리 측량기인 기리고차를 만들었기 때문에 실제 거리를 재서 동국지도를 만들 수 있었답니다. 기리고차는 거리를 기록하는 북 달린 마차예요. 동국지도는 영조 때 정상기가 만든 '동국지도'의 밑바탕이 되었다고 해요. 하지만 안타깝게도 동국지도는 원본이 남아 있지 않답니다.

기리고차

수레바퀴와 톱니바퀴의 회전수에 따라 종과 북을 쳐서 거리를 알려 줘요. 지금 기준으로 약 200미터마다 1번, 400미터마다 여러 번의 종을 치고 북은 2킬로미터마다 1번, 4킬로미터마다 여러 번 쳤어요.

1861년, 김정호에 의해 만들어진 '대동여지도'는 옛 지도임에도 매우 정확하다는 평가를 받고 있어요. 우리나라의 산, 강, 길 등이 자세히 표시되어 있고 다양한 기호가 쓰여 지금의 지도와 비교해도 크게 차이가 없지요. 대동여지도는 목판에 새겨져 있기 때문에 한꺼번에 여러 장을 찍어 낼 수 있었어요. 22권의 책을 펼쳐 이어 붙이면 우리나라 전체 지도가 되었답니다.

대동여지도

가로 약 4미터
세로 약 7미터에
이를 정도로 커요.

한국 지리 놀이터

나라를 다스리기 위해 영토를 몇 구역으로 나누었는데, 이를 행정 구역이라고 해요. 아래 지도를 보고 빈칸에 알맞은 행정 구역의 이름을 써 보세요.

우리나라의 행정 구역

❶ **특별시**: 서울특별시

❷ **특별자치시**: 세종특별자치시

❸ **특별자치도**: 강원특별자치도 / 전북특별자치도
제주특별자치도

❹ **광역시**: 인천광역시 / 대전광역시 / 대구광역시
광주광역시 / 울산광역시 / 부산광역시

❺ **도**: 경기도 / 충청남도 / 충청북도
경상북도 / 경상남도 / 전라남도

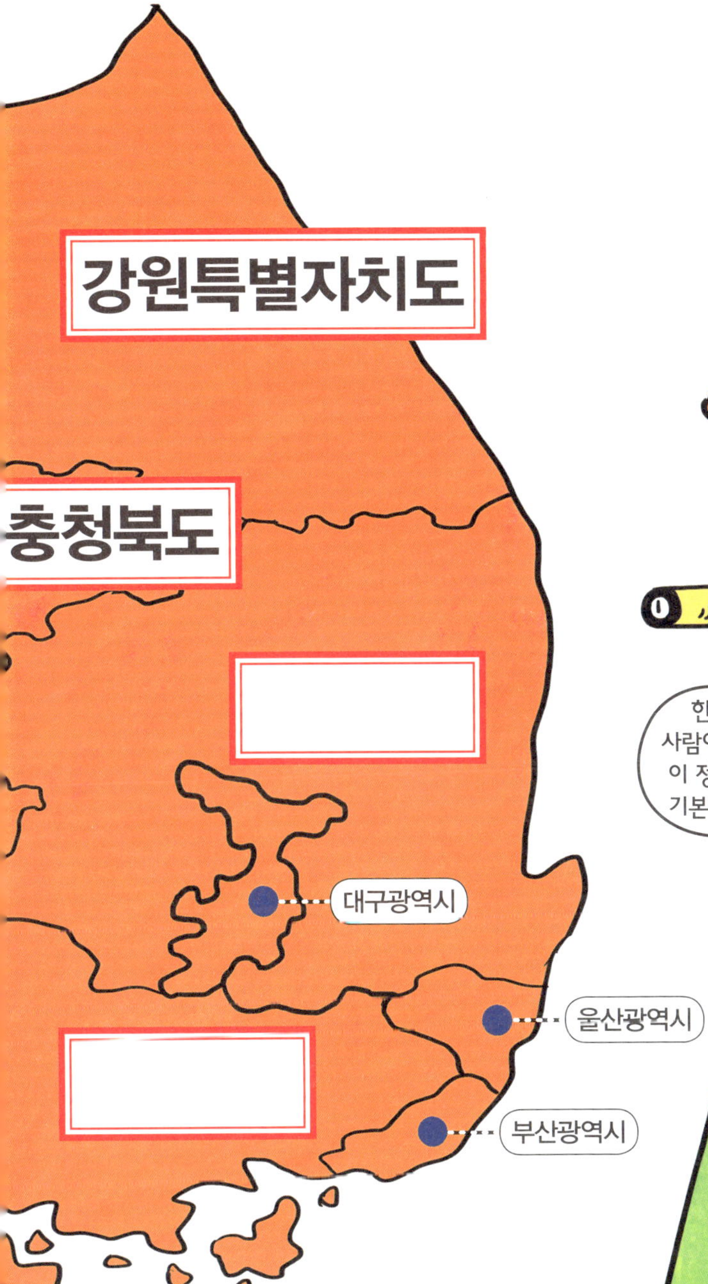

대한민국의 수도인 서울특별시와 경기도, 인천광역시에는 많은 사람이 모여 살아요. 오래전부터 중심지 역할을 해 오며 많은 변화가 있던 곳이에요. 정치 · 경제 · 문화 등과 관련된 장소를 돌아다니다 보면 이와 관련한 재미난 이야기들도 만날 수 있지요. 오랜 역사 속에 변화 발전해 온 서울과 경기도 지역의 이야기 속으로 들어가 보아요.

서울특별시와 경기도

한눈에 살펴보는 서울

대한민국의 최대 도시, 서울

우리나라의 수도 서울은 한반도의 서쪽 중앙에 위치하며, 경기도의 여러 도시와 인천광역시에 둘러싸여 있어요. 서울은 대한민국 최대 도시로서 정치, 경제, 문화, 교통의 중심지예요. 면적은 남한 전체 면적의 0.6퍼센트에 지나지 않을 정도로 좁은데 인구는 천만 명 가까이 돼요.

서울에는 아주 오래전부터 사람들이 살기 시작했어요. 선사 시대부터 사람들이 살기 시작한 곳으로 특히 한강 유역은 삼국 시대 때 고구려, 백제, 신라가 서로 차지하기 위해 다투던 곳이에요.

고려 시대에는 '남경'으로 불리다 조선 시대에 수도를 옮기면서 이름을 '한양'으로 바꿨어요. 그 후 일제 강점기에는 '경성'으로 불렸지요. 해방 이후 1946년에는 '서울'로, 1949년에는 '서울특별시'가 되었어요. 이렇게 서울은 2천여 년의 역사를 지닌 도시랍니다.

한강을 수놓은 다리들

한강은 서울 한가운데를 지나는 큰 강이에요. 서울, 나아가 한반도의 젖줄이라고 일컬어지는 한강은 시대마다 여러 이름으로 불렸어요. 삼국 시대에 크고 신성한 강이라 하여 '아리수', 혹은 '한수'라고 불렸어요. 고려 시대에는 큰 물줄기가 맑고 밝게 흘러내리는 강이라 하여 '열수', 조선 시대에는 서울 근처의 강이라는 뜻으로 '경강'이라고 불렸고요. 오늘날 한강에는 자전거 도로가 잘 정비되어 있어 한강을 따라 자전거를 타며 상쾌한 공기를 마시기도 하지요.

서울은 한강을 기준으로 강북과 강남으로 나뉘어요. 그리고 강북과 강남을 이어 주는 30여 개의 다리가 있어요. 하루에도 수많은 차와 사람이 다리를 건너지요. 가장 오래된 다리는 1900년에 놓인 한강철교예요. 이 다리는 6·25 전쟁 때 북한군이 건너지 못하게 하려고 폭파된 적도 있어요. 지금은 복구되었지만 슬픈 역사를 간직한 다리지요. 반포대교는 2층으로 된 다리로, 1층 다리인 잠수교는 비가 많이 오면 잠겨요. 잠수교는 한강 다리 중 가장 짧아요. 자동차 전용 다리는 청담대교가 유일하고, 무너졌다 다시 세워진 성수대교 등도 있어요.

한국 지리 배움터

살아나는 한강의 작은 물줄기들

서울 곳곳에는 한강으로 연결된 작은 물줄기들이 여럿 있어요. 그 물줄기 중 가장 긴 것이 '탄천'이에요. 무려 약 35.6킬로미터예요. 그다음은 중랑천, 안양천이지요. 한때 이런 물줄기들이 몸살을 앓았어요. 1970년대 산업화로 서울의 인구가 늘어날수록 하천은 죽어 갔어요. 공장과 가정에서 나오는 더러운 물과 각종 쓰레기가 그대로 흘러 들어가 고약한 냄새가 나고 물도 맑지 않았지요. 물고기들이 떼죽음을 당해 강물 위로 둥둥 떠오르고 철새들의 발길도 끊겼어요.

하지만 한강과 그 물줄기들이 썩어 가는 것을 두고 볼 수만은 없었던 서울 시민들이 하천을 되살리기 위해 팔을 걷어붙였지요. 더러운 물을 깨끗하게 정화시키는 하수 처리장도 만들고, 생태 습지도 만들었어요. 그러자 강물은 차츰 제 색깔을 되찾았어요. 참게가 돌아오고 버들치, 숭어, 물총새, 맹꽁이도 돌아왔지요. 이제는 황새들이 노닐고, 힘차게 물을 가르며 헤엄치는 잉어도 만날 수 있어요. 고약한 냄새로 천변★ 근처에서 코를 막고 다니던 사람들이 이제는 자전거를 타거나 운동을 하며 도란도란 이야기를 나눈답니다.

★**천변** 냇물이 흐르는 주변을 말해요.

정치·경제·문화·교통의 중심지, 서울

도심과 그 역할을 나누어 하는 부도심

도심이란 도시의 가장 중심이에요. 서울의 도심은 종로구와 중구랍니다. 교통이 발달해 어디서든 쉽게 오갈 수 있는 곳이지요. 그러다 보니 도심에는 시청 등의 주요 기관과 기업 본사, 백화점 등이 모여 있어요. 도심은 다른 지역보다 땅값이 비싸서 건물도 높이 올려요. 남산에서 내려다보면 종로구와 중구는 높은 빌딩 숲 같아요.

서울의 인구가 늘어나면서 도심의 역할을 도울 수 있는 부도심이 필요했어요. 좁은 땅에 많은 사람이 모여 있기 때문에 주택이 부족하고 교통도 혼잡했거든요. 그래서 서울 도심 주변으로 부도심이 생겼어요. 교통이 편리한 청량리, 잠실, 영등포, 신촌 등이 바로 부도심이에요. 세월이 점점 지나면서 이곳에도 백화점, 대형 마트 등 여러 가지 시설이 들어섰어요.

도심
부도심
서울의
인구가 늘면서
부도심이
필요했어.
미아리
역
청량리
SHOP
신촌
명동·종로·을지로
천호동
여의도
영등포
잠실

광화문 사거리

서울에서 수많은 사람이 바쁘게 걸음을 재촉하는 곳 중 하나가 광화문 사거리예요. 경복궁 정문인 광화문에서 시작되는 거리로 조선 시대에는 육조 거리라 불렸고, 의정부 등 주요 기관이 있던 곳이지요. 경복궁 뒤쪽에는 청와대가 있고, 광화문 왼쪽에는 우리나라 근현대사를 볼 수 있는 대한민국 역사 박물관이 있어요. 광화문 사거리에서 광화문 앞까지 이어지는 세종로 주변에는 전시회와 공연이 열리는 세종 문화 회관도 있어요.

정동은 서울의 중심이에요

서울시 중구의 정동 부근은 서울의 중심 지역이에요. 서울 시청이 있고, 조선의 궁궐 중 하나인 경운궁(덕수궁)이 있어요. 대한 제국을 선포한 고종이 그곳에서 나랏일을 했답니다. 그 외에도 역사적 흔적이 많아요. 선교사들에 의해 세워진 학교인 배재학당과 이화학당이 있었어요. 또 정치인과 외교관들이 많이 모였던 서양식 호텔인 손탁호텔, 러시아의 공사관 등이 있었지요. 현재는 예전과 모습이 많이 달라졌지만 여전히 서울의 중심지랍니다.

정치와 경제의 중심, 여의도

여의도는 한강 가운데 있는 섬이에요. 원래는 농사짓기 힘든 모래밭이라 쓸모없는 땅 취급을 당했대요. 조선 시대에는 이곳을 목장으로 이용했어요. 일제 강점기에는 작은 비행장도 있었어요. 일제로부터 해방되고 난 뒤, 여의도가 개발되면서 엄청나게 변했어요. 흙과 모래를 쌓아 땅을 높이고 섬 주변에 둑을 쌓아 홍수를 막았지요. 아파트가 들어서고 방송국, 국회 의사당, 63빌딩, 증권사, 은행 등이 들어서면서 정치와 경제의 중심이 되었어요.

디지털 산업 단지가 들어선 구로와 금천

1960년대, 국가가 직접 나서 경제를 발전시키기 위한 계획을 세웠어요. 그러면서 수출을 늘리기 위해 공업 단지를 많이 만들었지요. 그중 하나가 구로 수출 산업 단지, 일명 구로 공단이에요. 1980년대 후반 이후 땅값이 비싸지고 임금이 오르자, 물건을 만드는 공장들이 지방이나 해외로 옮겨 갔어요. 대신 구로와 금천에 걸쳐 첨단 산업과 패션 관련 기업이 하나둘씩 들어섰어요. 두 단지를 묶어 '서울 디지털 산업 단지'라고 해요.

서울 동네에 얽힌 이야기

전통 한옥이 그대로 남아 있는 북촌

서울에는 조선 시대의 전통 가옥이 남아 있는 '북촌'이라는 한옥 마을이 있어요. 경복궁과 창덕궁, 종묘 사이에 위치한 곳이에요. 외국인 관광객도 많이 찾지요. 일제 식민지가 되기 전까지 수도인 한양의 정치적, 경제적 중심은 북촌이었어요. 그래서 세력 있는 양반들이 주로 모여 살았지요. 근대 시기에는 개화파들이 살았어요. 일제 강점기에 인구가 도시로 몰리면서 많은 집이 지어졌어요. 하지만 유리와 타일을 사용해 지어 이전 한옥과는 다른 모습이었어요.

일제 강점기에 번화해진 충무로와 명동

조선 시대에 권력 있는 높은 관리들이 주로 북촌에 살았다면, 목멱산(남산) 아래의 명동과 충무로 일대의 남촌에는 몰락한 양반이나 과거에 오르지 못한 선비들이 살았어요. 남산골에 '진고개'라는 곳이 있었어요. 그늘이 지고 햇빛이 잘 들지 않아 항상 땅이 질었어요. 일제 강점기 초반에 일본 상인들은 진고개 주변에 모여 살았는데, 차츰 남대문 주변으로 진출했지요. 그 뒤로 사람들은 반듯한 도로도 놓고, 하수구 시설과 가로등도 설치했어요. 상점과 호텔, 은행도 세워 충무로와 명동 주변은 서울에서 가장 번화한 거리로 변해 갔어요.

누에를 치던 동네, 잠실

서울에 있는 잠실은 '누에를 기르는 곳'이란 뜻이 담겨 있어요. 조선 시대 때 나라에서 누에를 기르는 것을 장려하기 위해 이 마을에 뽕나무를 많이 심었어요. 하지만 일제 강점기와 6·25 전쟁을 거치면서 뽕나무는 점점 사라졌어요. 큰 홍수가 나서 한강 물로 둘러싸인 섬이 되었고, 배를 타야만 옆 동네로 갈 수 있었지요. 1970년대 강남 지역이 개발되면서 잠실은 놀이공원과 높은 건물들이 가득한 번화한 동네가 되었어요.

갈매기와 함께 노니는 정자, 압구정

서울에 압구정동이란 곳이 있어요. 압구정이란 이름이 붙은 것은 여기에 있던 정자★ 때문이에요. 조선 세조 때 한명회라는 권력자가 있었어요. 한명회의 말 한마디의 위력은 나는 새도 떨어뜨릴 정도였지요. 그는 한양에서 가장 경치 좋은 곳에 정자를 지었어요. 명나라 사신들까지 들를 정도로 경치가 멋있었어요. 이 정자를 본 명나라 사신이 '갈매기와 친하게 지내는 정자'라는 '압구정'이란 이름을 붙여 주었다고 해요. 지금 그 정자는 사라지고 수많은 주택이 들어서 있답니다.

★**정자** 경치가 좋은 곳에 쉬기 위해 지은 공간이에요.

한국 지리 배움터

지하철 타고 즐기는 서울 여행

수도권 지하철은 서울 시민의 발이라고 할 수 있어요. 1호선부터 9호선까지 바쁜 하루를 사는 서울 시민을 실어 나르고 있지요. 지하철을 이용하면 서울 어느 곳이든 쉽게 갈 수 있어요. 차들로 꽉꽉 채워진 도로 대신 지하철을 이용하는 것이 훨씬 빠르고 편리하답니다. 가장 먼저 생긴 지하철은 서울역에서 청량리역까지 가는 1호선이에요. 가장 최근에 놓인 것은 9호선이지요.

지하철은 이제 수도권은 물론 멀리 충청남도 천안까지 연결되었어요. 강원도의 춘천도 지하철로 갈 수 있지요. 지하철 덕분에 오가는 시간이 확 줄어들었어요. 충청도에서 서울까지 전철을 타고 출퇴근하는 사람도 생겼을 정도예요. 경춘선뿐만 아니라 신분당선이나 경의중앙선, 공항 철도 등 새롭게 생긴 노선으로 일일생활권★에 부쩍 가까워졌답니다.

★**일일생활권** 하루 동안 볼일을 끝내고 돌아올 수 있는 거리 안에 있는 범위를 뜻하며, 전국의 대부분이 일일생활권 안에 들어요.

한눈에 살펴보는 경기도

경기도에는 위성 도시들이 있어요

'경기'라는 이름은 고려 시대부터 사용했어요. 경기는 '궁궐이 있는 도시의 바깥 땅'이라는 뜻이지요. 그러나 고려의 경기는 현재의 경기도와는 달라요. 고려의 수도가 개경이었으니까요. 지금의 경기도가 생긴 것은 조선 시대부터예요. 조선의 제3대 왕인 태종이 전국을 8도로 나누었어요. 그때 '경기도'라고 불리기 시작했어요. 북쪽으로는 북한의 개성시와 황해남북도, 동쪽은 강원도, 남쪽은 충청도, 서쪽은 서해 바다와 접해 있어요. 28개의 시와 3개의 군으로 이루어져 있지요.

경기도에는 수원을 비롯한 수많은 위성 도시★가 있어요. 위성 도시들은 서울과 깊은 관계를 맺고 서울의 상업, 공업, 행정, 주거 기능을 나누어 하고 있지요. 서울 주변의 위성 도시로는 의정부, 수원, 구리, 성남, 고양 등이 있으며, 분당이나 일산, 평촌 등 새로운 위성 도시도 있어요.

경기도와 맞닿아 있는 인천광역시에는 무역항과 국제공항이 있어요. 과천은 정부 종합 청사가 있어 행정 기능을 담당하지요. 성남과 고양은 신도시들이 들어서면서 아파트들을 많이 지어 주거 기능을 맡고요. 시흥과 안산은 공업 기능을 맡고 있답니다.

★**위성 도시** 대도시로 많은 사람이 몰려들어 교통이 복잡하고, 부족한 주택 문제를 해결하기 위해 만들어진 도시를 가리켜요.

연천군
포천
동두천
파주
양주
가평군
경기도는 서울과 인천을 둘러싸고 있는 행정 구역이야.
의정부
김포
고양
서울 주변에는 위성 도시가 있어.
남양주
구리
하남
양평군
부천
광명
과천
시흥
안양
성남
광주
의왕
군포
안산
수원
쌀
여주
이천
용인
화성
오산
평택
안성

우리나라 최대 공업 지역, 수도권 공업 지역

수도권 공업 지역은 우리나라 최대 공업 지역이에요. 공업 발달에 유리한 조건을 다 갖추고 있기 때문이지요. 풍부한 자본과 노동력, 편리한 교통에 물건을 팔 시장도 잘 갖춰져 있답니다. 최근에는 반도체나 컴퓨터 등 첨단 기술 산업이 발달하면서 기술력이 중요시되고 있어요. 수도권 공업 지역에는 연구소가 있으니 기술 개발에도 좋은 조건이지요.

첨단 기술의 중심지가 된 수원

수원은 높고 낮은 구릉 지대예요. 고구려 때는 집마다 우물이 많아 '물골'이라 불리다가 고려 때 수원이라는 이름이 붙었어요. 조선 제22대 왕 정조 때 군사와 상업의 중심지인 화성이 건설된 곳이기도 해요.

남쪽 지방에서 서울에 가려면 수원을 지나곤 하지요. 수원에는 경기도청이 있어 경기도의 중심 역할을 하기도 해요. 한때 농업의 중심지였던 수원은 정보 통신 산업과 관련된 최첨단 연구 시설이 하나둘씩 들어서고, 첨단 정보 기술 산업의 중심지로 바뀌었지요.

안산은 국경 없는 마을이에요

서울의 인구가 늘어나면서 서울에 있던 공장들이 주변으로 이동했어요. 그중 하나가 안산의 반월 공업 단지예요. 그런데 우리나라 경제가 발전하고 노동력이 부족해지면서 다른 나라 사람들이 와서 일하기 시작했어요. 안산 원곡동은 외국인 노동자들이 모여 사는 대표적인 마을이에요. 거리에는 중국어, 아랍어 등 외국어로 쓰인 간판들이 많이 보여요. 한마디로 국경 없는 마을이지요. 그곳은 다문화 마을 특구로 지정되었어요. 다양한 문화 체험을 하며 한국인과 외국인이 더불어 살아가기 위한 노력을 하고 있어요.

새로 건설된 신도시, 일산과 분당

서울의 인구수가 늘고 집이 부족해지면서 서울 주변 지역에 새로운 도시를 건설했어요. 일산이나 분당 등이 대표적인 신도시지요. 신도시는 처음부터 계획적으로 만든 곳이에요. 그래서 공원, 학교, 병원, 쇼핑몰, 체육 센터, 공연장 등의 편의 시설이 잘 갖춰져 있어요. 서울 도심으로 연결된 지하철도 있고요. 덕분에 시민들은 편리하고 쾌적한 생활을 할 수 있지요.

반면 신도시에 사는 사람들이 대부분 서울에서 일해서 출퇴근길 지하철과 도로가 혼잡해요.

경기도와 맞닿은 인천광역시

인천에는 숨은 역사가 많아요

인천광역시는 국제도시로 성장하고 있는 제2의 항구 도시예요.

고려 시대에는 당시 수도였던 개경 다음으로 번창했던 곳으로, 여러 나라 사람이 드나들었어요. 조선 시대에는 고려 시대만큼 교류가 활발하지 못했어요. 그래서 여러 나라 상인으로 붐볐던 인천은 한가로운 농어촌이 되었지요. 임진왜란과 병자호란을 겪으면서 서울과 가까운 인천 강화도에 방어 시설들이 들어서고 또 한 번 변화를 맞아요.

서양 세력이 조선에 몰려왔을 때 그들을 막기 위해 전쟁을 치른 곳도 인천 강화도예요. 일본과 강화도 조약을 맺은 뒤, 부산과 원산에 이어 세 번째로 개항★한 곳도 인천 제물포였고요.

인천이 개항한 뒤 각국의 영사관★을 비롯해 은행, 학교, 교회 등 다양한 시설들이 들어섰어요. 청나라 건물, 일본식 건물도 하나둘 들어섰지요. 청나라와 일본 상인들이 분주히 물건을 실어 나르며 바삐 움직였어요. 인천에는 중국에서 온 화교들이 모여 사는 차이나타운도 생겨났어요. 현재도 많은 사람이 차이나타운에서 중국 문화와 요리를 즐긴답니다.

★**개항** 외국과 무역을 할 수 있게 항구를 개방하는 걸 말해요.

★**영사관** 외국에 있으면서 자기 나라의 무역 이익을 내기 위한 일을 하고, 자국민을 보호하는 역할을 하는 영사가 머물며 일을 보는 곳이에요.

강화도
인천은 경기도에 붙어 있는 항구 도시야.
김포
개항 이후 인천에는 여러 나라의 시설들이 들어섰지.
영종도
인천 국제공항
중식당
공자
인천 차이나타운
제물포

동아시아 무역의 중심으로 발전하고 있어요

인천은 우리나라 서쪽에 위치해 중국을 비롯한 동아시아 여러 나라와 교류하기 좋아요. 이러한 지리적 이점을 이용해 동아시아의 중심 도시로 성장하고 있어요. 인천의 송도, 영종도, 청라 지구가 우리나라에서는 최초로 경제 자유 구역★으로 지정되었어요. 세계 최첨단 정보 통신 시설과 무역 센터를 갖춘 국제 무역 중심 도시로 성장하고 있답니다.

★**경제 자유 구역** 경제 활동을 활발히 할 수 있도록 외국 기업에게 다양한 혜택을 주는 지역이에요.

영종도는 삼각형 모양의 섬으로 한적한 어촌 마을이었어요. 사람들은 농사를 짓거나 염전을 하고 굴, 백합 등을 양식하며 살았지요. 제비가 많아 자줏빛 제비의 섬이란 뜻으로 '자연도'라고 불리기도 했어요. 그러던 곳에 인천 국제공항이 들어섰어요. 영종도와 그 옆에 있는 용유도 사이의 갯벌을 메워 만들었지요. 인천 국제공항은 세계 어느 곳에 내놓아도 뒤지지 않아요. 공항이 세워진 뒤, 영종대교가 건설되고 아파트 단지도 들어섰어요. 서울까지 이어지는 고속 도로도 놓였고요. 영종도는 이제 섬이라기보다 육지에 가까운 모습이 되었어요.

한국 지리 배움터

우리나라 최초의 간척 사업이 이루어진 강화도

강화도에는 오랜 역사를 품은 수많은 유적이 남아 있어요. 고인돌, 고려 궁터, 서양 세력과의 전투지 등 곳곳에 유적이 있어요. 그런데 중요한 사실이 또 하나 있어요. 강화도는 우리나라에서 최초로 간척 사업을 한 곳이에요. 간척 사업이란 육지에 맞닿은 바다나 호수의 일부를 둑으로 막고, 그 안의 물을 빼내어 육지로 만드는 일을 말해요.

몽골 침입 때 고려가 수도를 강화도로 옮기면서 간척 사업이 시작되었어요. 바닷길을 통해 침입해 오는 몽골군을 막기 위해 우리 선조들이 해안가에 제방을 쌓았어요. 수도를 옮긴 뒤 왕과 신하, 군사들이 강화도로 오자 식량이 점점 부족해졌어요. 그때 갯벌을 농경지로 만드는 간척 사업을 한 거예요. 그 뒤 조선 시대부터 1990년대까지 계속해서 간척 사업이 진행되었어요. 지금은 강화도에 육지와 연결된 다리가 있어 강화도는 서울 근교의 관광지로 자리매김했어요.

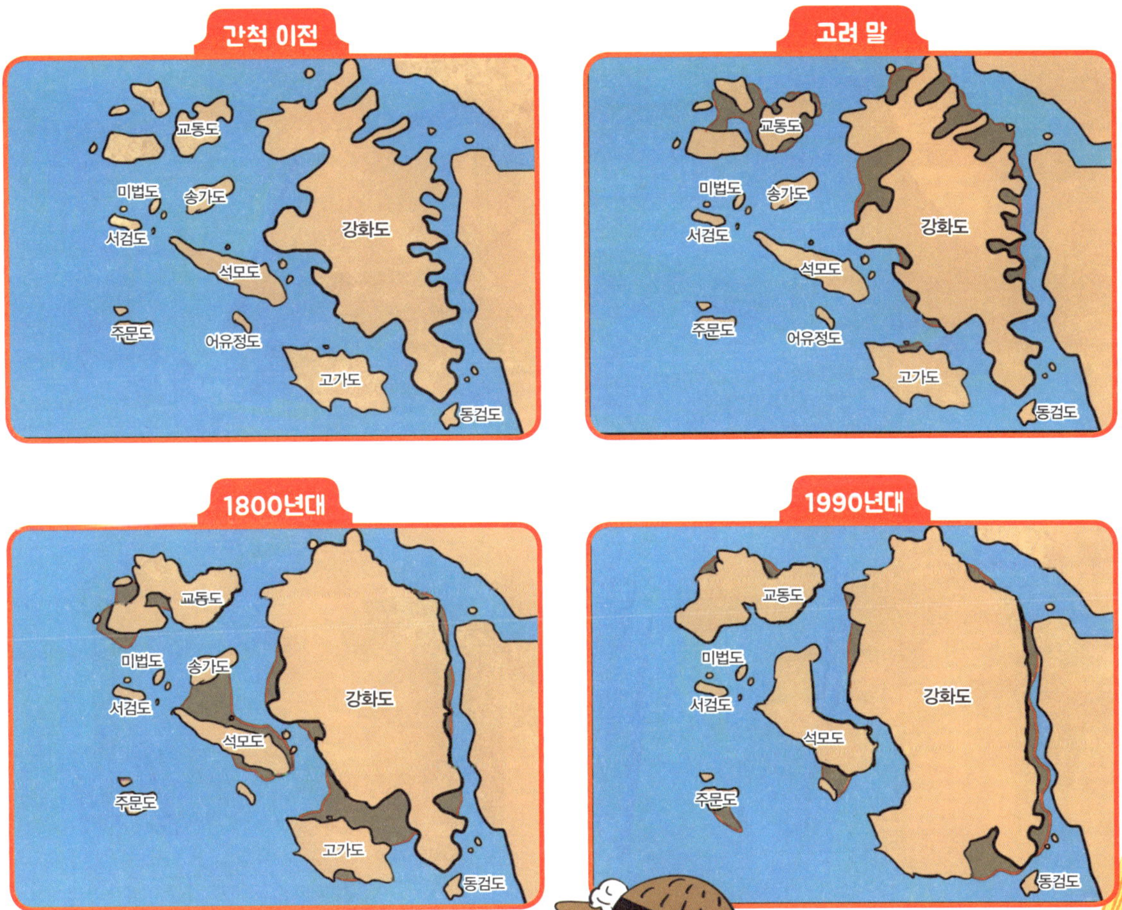

발길 따라 떠나는 경기도 여행

세계 문화유산, 남한산성

남한산성은 청나라가 조선을 쳐들어왔을 때 왕이 피란해 맞서 싸운 곳으로, 유네스코 세계 유산이에요. 남한산성은 서울을 지키는 요새였어요. 높이 490미터가량의 아름다운 산을 병풍처럼 둘러싸고 있지요. 남한산성에서 내려다보면 성남시와 서울 시내가 훤히 보여요. 백제의 시조인 온조왕 때 처음 이곳에 산성을 쌓았고, 이후 여러 번 고쳐 쌓았지요. 조선 시대에는 나라에 위기가 닥쳤을 때 임금이 머물 수 있는 행궁을 지었어요.

이천에서 도자기 축제가 열려요

이천은 도자기의 고장이에요. 신둔면 수광리에 도자기를 구워 내는 마을이 있거든요. 조선 시대 백자의 맥을 잇고 있는 마을이지요. 사실 도자기는 조선 중기 이후 이천보다는 경기도 광주가 더 발달했어요. 나라에서 만든 도자기 제작소가 있어 궁중에서 사용하는 도자기를 생산했거든요. 1950년대 도자기의 맥을 잇는 분들이 이천의 수광리 주변에 모여들면서 이천 도자기가 다시 발달하게 된 거예요. 도자기 박물관도 들어서고, 해마다 도자기 축제가 열리면서 대한민국 도자기의 중심지로 이름을 드높이고 있지요.

전곡리 구석기 유적을 찾아서

임진강과 한탄강이 있는 연천은 예로부터 사람이 살기 좋은 지형이었어요. 전곡리 유적을 비롯해, 구석기 유적이 여럿 발견됐어요. 전곡리 유적지 일대에서는 매년 구석기 축제가 열려요.

한편 연천은 경기도 최북단에 있는 지역이자 분단의 아픔을 갖고 있는 곳이기도 해요. 광복 이후 38도선이 그어지면서 북한에 속해 있다가 휴전선이 그어지면서 남한 땅이 되었어요.

생태계의 보물 창고로 불리는 비무장 지대

분단국인 우리나라에는 비무장 지대(DMZ)가 있어요. 말 그대로 이곳에서는 무기를 지닐 수도 군사 시설을 둘 수도 없어요. 6·25 전쟁 당시 정전★ 협정이 맺어질 때 만들어진 지역으로 남북으로 4킬로미터 폭에, 길이는 약 250킬로미터예요. 사람들이 함부로 들어갈 수 없는 곳이라 자연 생태계가 비교적 온전하게 보존되어 있답니다. 그래서 생태계의 보물 창고라고 불리지요.

★**정전** 전쟁 중인 나라가 전투를 일시적으로 멈추는 걸 말해요.

한국 지리 배움터

한반도의 반쪽, 북한

일본의 식민 지배를 받던 우리나라는 1945년에 광복을 맞이했어요. 그러나 얼마 지나지 않아 한반도는 분단이 되었지요. 남쪽에는 '대한민국', 북쪽에는 '조선 민주주의 인민 공화국'이 들어섰어요. 우리가 흔히 북한이라 부르는 나라예요. 북한의 행정 구역은 분단 이후 많은 변화가 있었어요. 그래도 수도는 변함이 없이 평양이랍니다.

북한의 자연 지형 중 눈에 띄는 것으로 개마고원을 꼽을 수 있어요. 개마고원은 높고 평평한 고원으로 '한반도의 지붕'이라는 별명으로 불려요. 개마고원은 화산이 폭발하면서 흘러내린 용암이 굳어져서 만들어졌어요. 이곳에는 다양한 생태계가 잘 보존되어 있어 희귀한 동식물이 살고 있답니다. 또한 북한에는 석회석, 무연탄, 우라늄, 희토류 등 다양한 지하자원이 많이 묻혀 있다고 해요. 그 가치는 남한에 있는 지하자원의 20여 배에 가깝고요. 북한과 경제 협력을 해서 지하자원을 사용할 수 있다면 우리 경제는 더욱 발전할 수 있을 거예요.

한국 지리 놀이터

오랜 역사 속에 변화 발전해 온 서울과 경기도의 이야기를 살펴보았어요. 아래 그림을 보고 틀린 것 두 개를 골라 네모 칸에 ✔해 보세요.

☐

서울은 대한민국의 수도로, 2천여 년의 역사와 문화의 도시예요.

☐

한반도의 젖줄이라고 불리는 한강은 시대가 변해도 이름이 변하지 않았어요.

북촌에서는 조선 세조 때 한명회가 지은 정자가 유명해요.

인천광역시는 국제도시로 성장하고 있는 제2의 항구 도시예요.

우리나라 최초로 간척 사업이 이루어진 곳은 강화도예요.

강원도 하면 아름다운 산과 깨끗한 동해가 떠올라요. 다른 지역보다 산이 많다 보니 특별한 지형이 나타나기도 하고 그에 따른 다양한 산업이 발달했지요. 이 지역과 맞닿은 동해는 많은 관광객이 찾아오기도 하고요. 발길 닿는 대로 곳곳을 둘러보며 강원특별자치도의 특징을 알아보아요.

산지가 많은 강원특별자치도

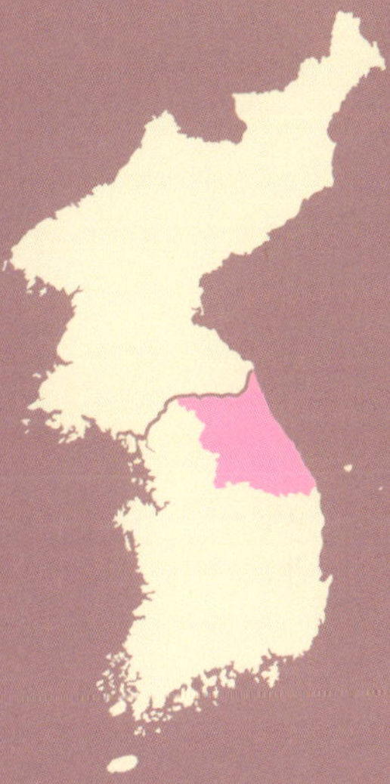

한눈에 살펴보는 강원도

한반도의 등줄기 태백산맥이 있어요

강원도는 지역의 대표 도시인 '강릉'과 '원주'의 첫 글자를 따서 붙여진 이름이에요. 한반도 중간에 위치해 있지요. 강원도에는 한반도의 등줄기인 태백산맥이 남북으로 뻗어 있어요. 태백산맥은 강원도를 동쪽과 서쪽으로 나누어요. 태백산맥 서쪽을 '영서 지방'이라고 하고, 동쪽을 '영동 지방'이라고 해요. 영서 지방이 영동 지방에 비해 더 넓어요. 영동 지방에는 강릉, 속초, 동해 등의 도시가 있어요. 주로 바닷가에 접해 있지요. 영서 지방에는 춘천과 원주, 평창 등의 도시가 있어요. 두 지역은 기후도 다르고 생활 모습도 달라요. 여러 산이 이어진 태백산맥에는 고개가 많이 있어요. 가장 대표적인 고개가 대관령이고, 한계령과 미시령도 유명해요.

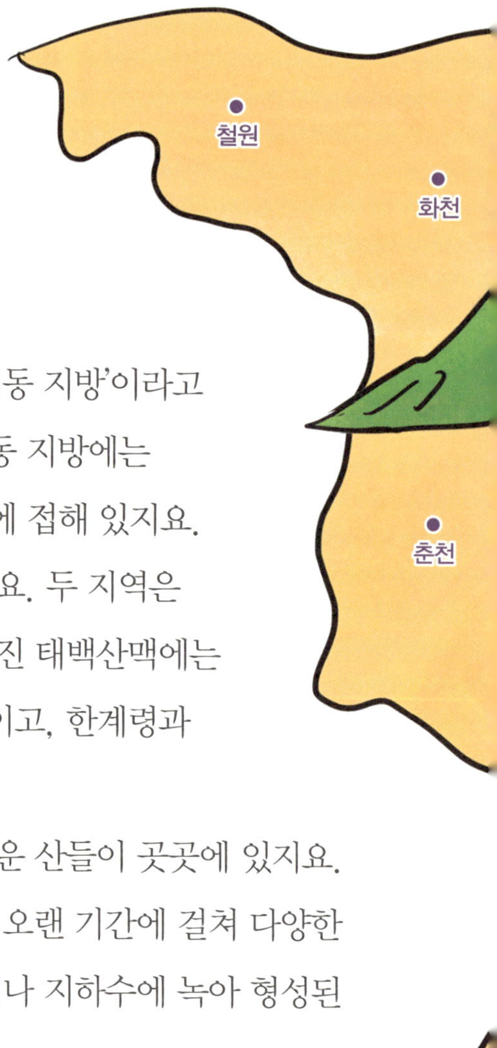

강원도에는 설악산, 태백산, 오대산 등 높고 아름다운 산들이 곳곳에 있지요. 험한 산들이 많은 대신 평야는 적어요. 이 지역에는 오랜 기간에 걸쳐 다양한 지형이 만들어졌어요. 특히 땅속의 석회암이 빗물이나 지하수에 녹아 형성된 석회 동굴 같은 지형이 많아요.

강원도는 태백산맥을 중심으로 영서 지방과 영동 지방으로 나뉘어.
속초
한계령
설악산
양양
영동
영서
강릉
대관령
홍천
오대산
태백산맥
동해
평창
정선
삼척
원주
영월
태백산

눈이 많이 오고, 높새바람이 불어요

강원도는 기후가 특이해요. 영동 지방과 영서 지방을 나누는 태백산맥이 바람과 기온, 강수량 등에 큰 영향을 준답니다. 특히 늦봄과 초여름 사이에 영서 지방은 높새바람이 불어요. 반면 영동 지방은 많은 비가 내리지요. 두 지방에 왜 이렇게 특이한 현상이 나타나는 걸까요? 바로 태백산맥이라는 지형적 특징 때문에 생긴 '푄 현상' 때문이에요.

동해안에서 영동 지방으로 불어온 차갑고 습기를 머금은 바람이 태백산맥에 부딪혀 구름을 만들며 비나 눈을 뿌려요. 산 정상에 생겨난 차고 건조한 공기는 산을 타고 영서 지방으로 내려가요. 그때 기온이 높아지면서 고온 건조한 높새바람으로 변하는 거예요. 이와 같은 현상이 '푄 현상'이에요. '높새바람이 불면 잔디 끝이 마른다.'라는 말이 있듯이 고온 건조한 높새바람은 가뭄을 일으켜 농작물에 피해를 주고, 산불도 자주 일으킨답니다.

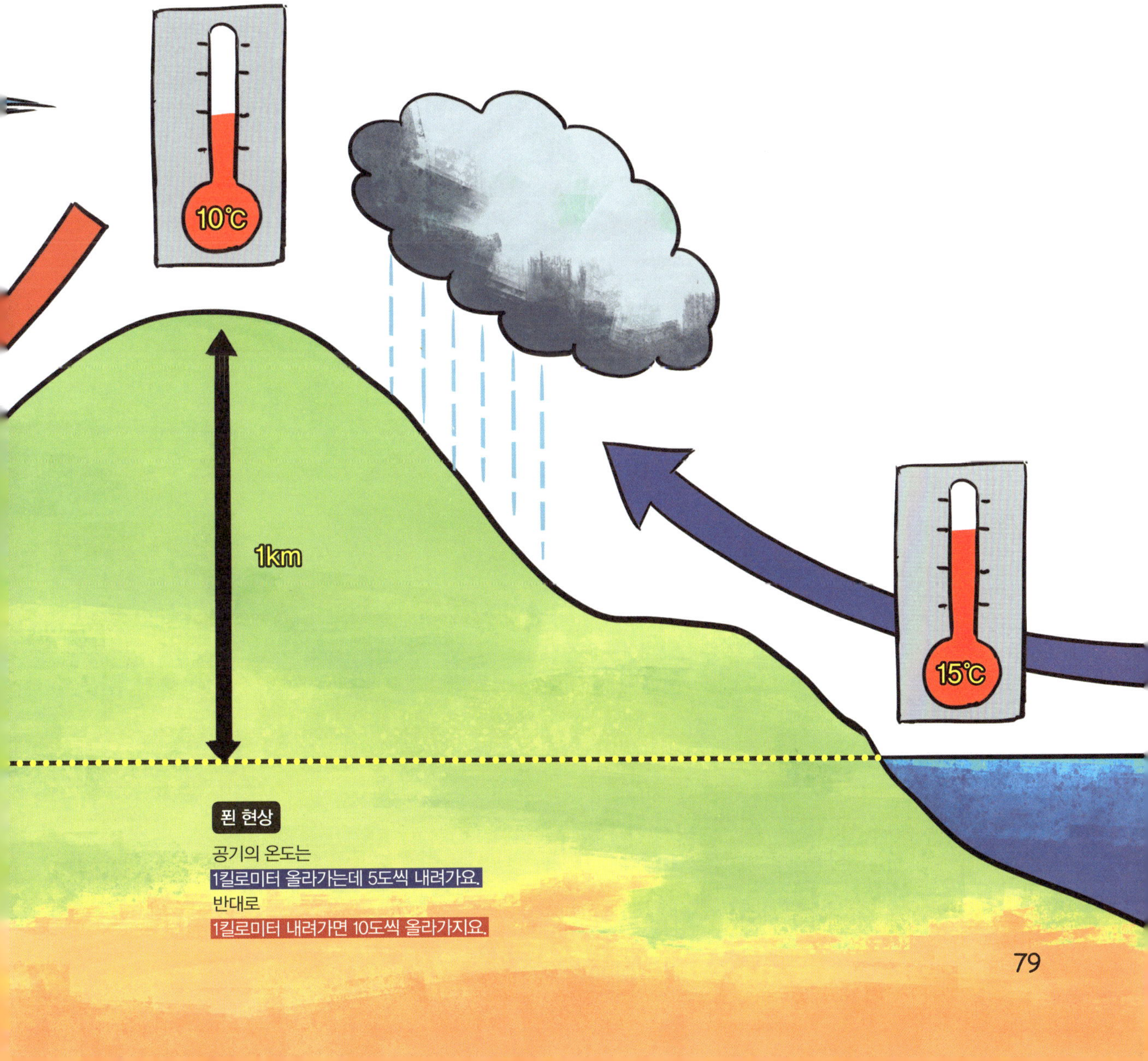

빼어난 산과 풍부한 지하자원

철마다 옷을 갈아입는 설악산과 대관령 고개

가을이면 많은 사람이 찾는 설악산은 1,700여 미터의 높은 산으로 한라산, 지리산과 함께 멋진 경치로 이름난 산이지요. 대청봉, 중청봉, 소청봉 등 크고 작은 봉우리들이 어우러져 만들어 내는 모습은 한 폭의 풍경화 같아요. 설악산은 크낙새, 반달가슴곰, 금강초롱 등 희귀 동식물이 살고 있는 유네스코 생물권 보전 지역이에요. 오랫동안 눈보라와 비바람에 깎여 모양이 둥글어진 흔들바위는 설악산의 구경거리예요. 봉우리가 구불구불 둘러쳐진 병풍 같은 울산바위도 설악산을 아름답게 해 주지요.

대관령은 영서 지방에서 영동 지방으로 넘어가는 가장 대표적인 고개예요. 대관령은 높이가 830여 미터, 총 길이 13킬로미터가 넘는 높고 긴 고개지요. 너무 높고 험해서 '데굴데굴 굴러야만 아래에 닿을 수 있다.'라는 뜻의 대굴영으로 불렸대요. 그러다가 영동 지방으로 가기 위해 꼭 통과해야 하는 '큰 관문'이 있는 고개라서 대관령이라 부르게 되었고요. 옛날에는 이렇게 높고 험한 고개를 한 번 지나려면 며칠이나 걸렸어요. 하지만 1971년에 영동 고속 도로가 생기면서 편하고 쉽게 통과할 수 있게 되었어요.

고랭지 농업이 발달했어요

대관령은 높고 비교적 평탄한 지형이에요. 이런 지형을 '고위 평탄면'이라고 해요. 이 지형은 다른 지역보다 여름이 짧고 서늘해요. 이렇게 높은 고원이나 산지의 서늘한 기후를 이용해 짓는 농사를 '고랭지 농업'이라고 해요. 무, 배추, 감자, 약초 등의 농사를 짓지요. 다른 지역에서 가을에 생산하는 배추를 여름에 생산해 팔면 훨씬 비싼 가격에 팔 수 있어요. 특히 고속 도로가 뚫리면서 신선한 채소를 빨리 실어 나를 수 있게 되었지요.

대관령 부근을 지나다 보면 우리 눈을 사로잡는 것이 있어요. 푸른 풀밭에서 한가로이 풀을 뜯고 있는 소와 양이지요. 강원도는 곳곳에 목장이 있고 한우와 젖소, 양을 키우는 목축업이 발달했어요. 젖소가 생산해 낸 우유는 신선한 상태로 주변 도시나 서울로 보내져요. 목장을 구경하기 위해 찾아오는 관광객도 많이 있어요. 목장과 더불어 커다란 풍력 발전기★가 바람에 돌아가는 모습도 볼 수 있지요.

★**풍력 발전기** 강한 바람을 이용해 전력을 생산하는 기기예요.

탄광 마을이 관광지로 바뀌었어요

강원도 산지에는 철광석, 무연탄, 석회석 등 지하자원이 많이 묻혀 있었어요. 석탄이 많이 묻힌 태백, 삼척, 정선에는 탄광이 발달했어요. 석탄을 실어 나르기 위한 산업 철도도 건설되었지요. 하지만 석유가 석탄의 자리를 대신하면서 탄광이 하나둘 사라졌어요. 탄광 마을에는 한동안 시커먼 먼지만 날렸어요. 하지만 그 뒤로 석탄 박물관, 탄광 문화촌 등 다양한 문화적 체험을 할 수 있는 시설들이 하나둘 들어섰고 새로운 관광지로 변해 갔지요. 곳곳에 놓인 산업 철도는 관광 철도로 이용되고 있어요.

우리나라는 지하자원이 부족해 대부분 수입을 해요. 그런데 딱 한 가지, 시멘트의 원료가 되는 석회석은 많이 나 수출을 하기도 하지요. 석회석은 강원도 삼척, 동해, 영월과 충청북도 단양, 제천에 많이 묻혀 있어요. 그래서 이곳에는 시멘트 공장도 많이 있어요. 강원도 남부 지역은 우리나라 최대의 시멘트 공업 지역이 되었답니다. 석회석이 많은 곳에는 석회 동굴도 많아요. 강원도에는 400여 개의 크고 작은 석회 동굴이 있어요. 삼척의 환선굴과 영월의 고씨 동굴이 유명하지요.

영월의 고씨 동굴

한국 지리 배움터

HAPPY700, 평창

사람들이 가장 행복감을 느끼는 높이는 몇 미터일까요? 해발 고도 약 700미터라고 해요. 햇살은 따갑지만 습하지 않아 기분 좋은 여름을 보낼 수 있는 높이예요. 우리나라에 'HAPPY700'으로 불리는 곳이 있어요. 바로 강원도 평창이에요. 2018년 동계 올림픽이 열린 곳이지요.

평창에는 오대산 등 이름난 산으로 둘러싸여 울창한 숲이 많아요. 이러한 자연환경을 이용해 맑고 푸른 청정 지역을 만들고 있지요. 깨끗한 자연환경에서 자라는 농축산물은 이 지역의 자랑거리예요. 천연기념물인 백룡 동굴, 하얀 점을 찍어 놓은 듯 피는 하얀 메밀꽃도 인기 만점이에요.

동계 올림픽이 열린 평창은 깨끗한 자연을 자랑하는 국제 관광 도시로 새롭게 거듭나려는 노력을 기울이고 있답니다.

동해가 만들어 낸 여러 가지 지형

해안선이 단조로우며 깊고 푸른 동해

강원도에는 깊고 깨끗한 푸른 동해가 있어요. 동해안은 서해안에 비해 해안선이 단조로워요. 그러다 보니 자연적인 항구가 발달하기 어려웠어요. 바닷물이 깊어 밀물과 썰물의 차이가 작고 갯벌도 거의 드물어요.

동해안에는 세찬 파도에 의해 해안 절벽이 만들어지기도 하고, 동굴이 생기기도 했어요. 바닷속 땅이 솟아올라 만들어진 해안 단구도 있고요. 차가운 한류와 따뜻한 난류가 만나는 동해안은 다양한 종류의 바다 생물이 살고 있는 황금 어장을 이루지요. 동해안 바닷가에는 오징어와 황태를 말리는 모습을 종종 볼 수 있어요.

바닷물이 갇혀 만들어진 석호

강원도 해안가에는 경포호, 영랑호, 청초호 등의 호수가 많아요. 이 호수들을 '석호'라고 해요. 최종 빙하기 이후부터 지금에 이르기까지 기온이 높아져 빙하가 녹아 바닷물이 많아졌어요. 그리고 물이 육지로 밀려 들어오면서 육지 속으로 바닷물이 들어와 있는 '만'이 만들어졌지요. 세월이 흐르면서 만 입구에 모래톱인 '사주'가 생기면서 만을 막아 버렸어요. 육지에 들어와 있던 바닷물이 갇히면서 호수가 만들어진 거예요.

바닷속 땅이 솟아오른 해안 단구

새해 첫날 해가 떠오르는 모습을 보기 위해 수많은 사람이 모이는 곳이 있어요. 바로 정동진이에요. 경복궁 정동쪽에 있는 바닷가라는 뜻의 정동진은 해안 단구★라는 특이한 지형이에요. 해안 단구는 아주 오랜 시간을 두고 만들어졌어요. 아주 천천히 땅이 솟아오르고, 파도에 깎여 계단 모양의 땅이 만들어졌지요. 서해안보다 동해안에 더 많이 나타나는데 동해안이 서해안보다 더 많이 솟아올라 있기 때문이에요.

★**해안 단구** 해안선에 가까운 바닷속 땅이 솟아오르거나 해수면이 낮아지면서 생겨난 지형이에요.

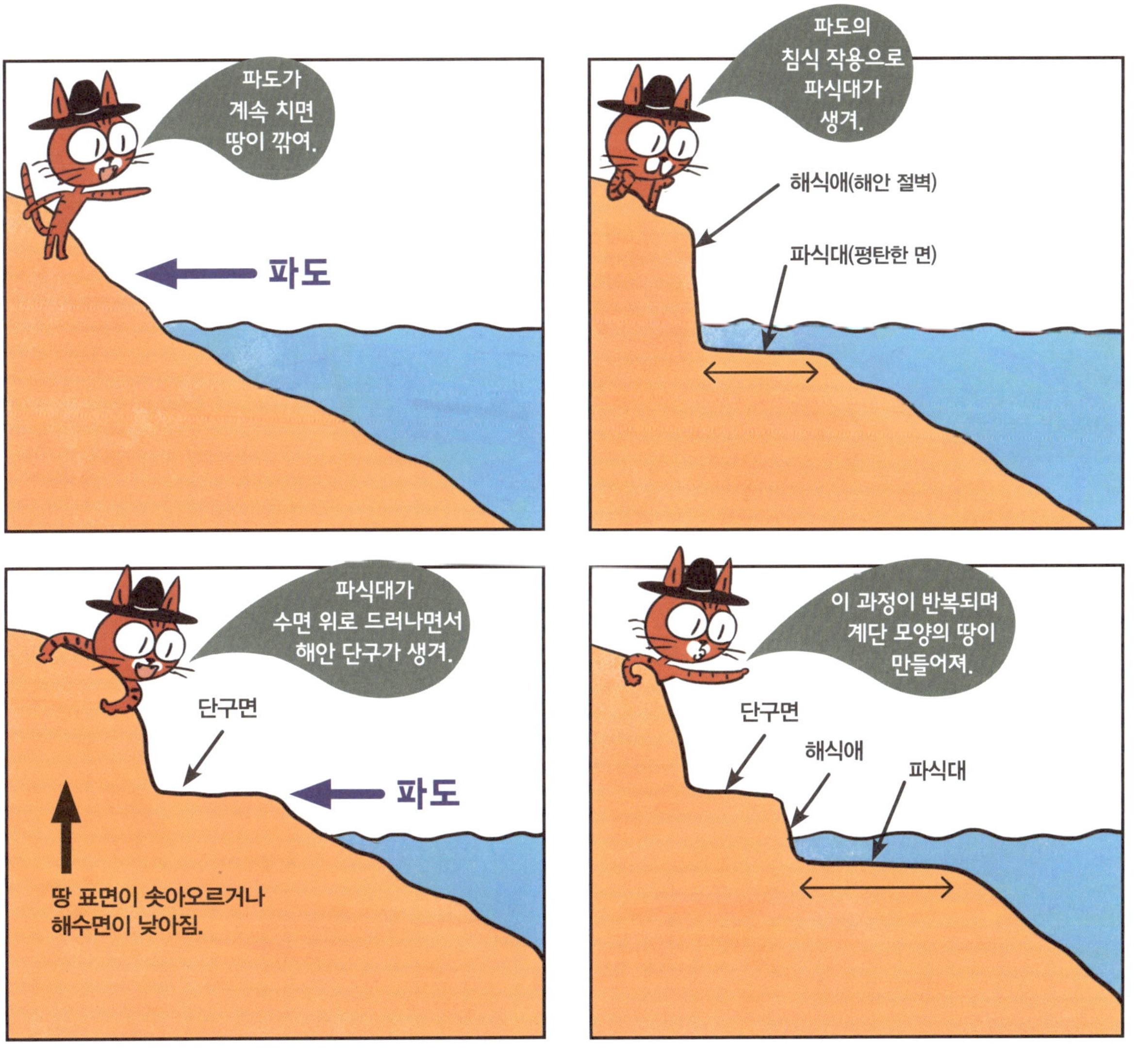

발길 따라 떠나는 강원도 여행

한반도 모습을 볼 수 있는 영월

강원도에는 한반도 모양과 비슷한 곳이 있어요. 바로 영월의 선암 마을이에요. 서강이 산 사이를 휘감아 돌다가 만들어진 곳이에요. 산 사이를 굽이쳐 흐르는 하천의 상류 지역에는 양쪽 기슭의 땅을 깎아 내 깊은 계곡과 가파른 절벽 등이 생겼어요. 서강은 다시 동강과 하나로 합쳐져 남한강으로 흘러요. 동강의 깊은 계곡물과 빠른 물살을 이용해 래프팅을 즐기는 사람들도 많아요. 강 주변에는 세조에게 왕위를 빼앗긴 어린 임금 단종이 귀양 생활을 하던 청령포가 있어요.

아리랑의 고장, 정선 아우라지

강원도 하면 정선 아리랑, 아리랑 하면 아우라지가 떠올라요. 아우라지는 두 물줄기가 어우러진다는 뜻이에요. 송천과 골지천 두 물줄기가 합쳐지는 곳으로 '아리랑'이란 노래가 생긴 곳이지요. 옛날에 강을 사이에 두고 살던 처녀와 총각이 사랑에 빠졌대요. 하루는 동백을 따러 싸리골로 함께 가기로 약속했어요. 그런데 밤새 비가 너무 많이 와 강물이 불어 뗏목을 띄울 수 없었고, 결국 둘은 만나지 못했어요. 그 안타까운 마음을 '아리랑'에 담은 거예요. 아우라지에는 총각을 그리며 강을 바라보는 처녀상이 서 있어요.

양구의 펀치볼 마을

양구에 가면 화산이 폭발한 분화구처럼 움푹 들어간 지형에 위치한 펀치볼 마을이 있어요. 산으로 둘러싸인 분지★지형이에요. 그런데 왜 펀치볼이란 이름이 붙었을까요? 이곳에서는 6·25 전쟁 당시 치열한 전투가 벌어졌어요. 그때 전쟁을 취재하기 위해 온 외국인 기자가 펀치볼 마을이란 이름을 붙였대요. 펀치볼 마을은 휴전선에서 가까워 일반 사람들은 함부로 들어갈 수 없도록 한 곳도 있었어요. 자연스레 사람들의 발길이 뜸해 자연환경이 비교적 깨끗한 편이랍니다.

★**분지** 사방이 높은 지형으로 둘러싸여 있는 평지를 말해요.

갯배로 유명한 속초 아바이 마을

속초에는 아바이 마을이 있어요. 함경도식 순대인 아바이 순대로도 유명하지요. 6·25 전쟁 때 북쪽으로 갔던 국군이 후퇴할 때 남쪽으로 함께 온 함경도 주민들이 모여 살기 시작한 곳이에요. '아바이'는 함경도 말로 어르신이라는 뜻이에요. 함경도 주민들은 전쟁이 끝나면 곧 고향으로 돌아갈 마음에 북한과 가까운 속초에 살았지만 결국 돌아가지 못했어요.

아바이 마을로 들어가려면 바닷길을 건너야 해요. 두 지역 사이에 줄을 연결해 놓고 당겨서 갯배★로 이동했지요. 이제 다리가 생겨서 주민들은 갯배를 이용하지 않지만, 관광객들은 재미로 갯배를 타요.

★**갯배** 물을 건너기 위하여 만든 작은 배예요.

한국 지리 배움터

옛 모습이 그대로 남아 있는 강릉 단오제

강릉 단오제는 강릉에서 열리는 대표적인 축제예요. 비교적 옛 풍습이 그대로 이어져 오고 있답니다. 2005년에 유네스코 세계 무형유산으로 지정되었지요. 단오는 음력 5월 5일로 우리나라 4대 명절★ 중 하나예요. 모내기를 끝낸 뒤 풍년을 기원하고, 창포물에 머리를 감으며 나쁜 기운을 쫓아내는 날이지요. 남자들은 씨름을 하고 여자들은 그네를 탔어요.

★**4대 명절** 설날, 단오, 추석, 한식을 가리켜요.

임금은 신하들에게 더위를 잘 이겨 내라고 부채를 선물하기도 했지요. 쑥과 수리취로 떡을 해 먹어 '수릿날'이라고도 불렀어요. 강릉 지방은 단오쯤 굿을 하고 제사를 지냈어요. 농사와 고기잡이가 잘되고, 마을이 평안하게 해 달라고 빌었지요. 그런데 특이한 게 있어요. 하늘에 제사를 지낼 뿐만 아니라 강릉과 관련된 세 명의 신들에게도 제사를 지낸다는 거예요. 먼저 대관령 산신인 김유신 장군에게 제사를 지내고 대관령 서낭당에서 서낭신★인 범일 국사와 여서낭신인 강릉의 정씨 처녀에게 제사를 지냈어요.

★**서낭신** 땅과 마을을 지켜 준다는 신이에요.

한국 지리 놀이터

다른 지역보다 산이 많고 바다가 깊어 특별한 지형을 자랑하는 강원특별자치도를 둘러보았어요.
두 그림에서 다른 부분 다섯 군데를 찾아 ◯ 해 보세요.

태백석탄박물관
탄광

충청도는 우리나라의 중앙에 있어요. 조선 시대 때 전라도와 경상도 사람들이 육로로 한양에 가려면 꼭 지나야 하는 곳이었지요. 그 후 우리나라에 철도가 놓이기 시작하면서 호남선과 경부선이 만나는 교통의 중심지가 되었어요.

지금은 서울에서 지하철을 타고 갈 수 있는 곳도 있지요. 우리나라 교통의 중심지가 된 충청도의 또 다른 특징은 무엇인지 살펴보아요.

우리나라 교통의 중심지인 충청도

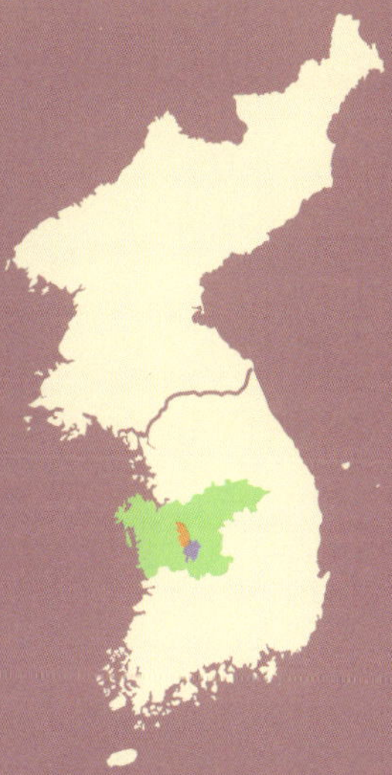

한눈에 살펴보는 충청도

충청도는 우리나라 중앙에 있어요

충청도라는 이름은 조선 시대에 처음 생겨났어요. 이 지역의 중심이었던 충주와 청주 두 지역의 앞 글자를 따서 이름 붙였어요. 우리나라 지도에서 충청도 지역을 살펴보면 북쪽으로는 경기도와 강원도에 접하고, 남쪽으로는 전라도, 경상도와 붙어 있는 것이 보일 거예요. 대한민국의 가운데에 위치해 많은 도와 접해 있지요. 충청도는 충청남도와 충청북도로 나뉘어요.

충청남도는 서쪽으로 황해가 있어 중국과 교류하기 유리해요. 이와 달리 충청북도는 유일하게 바다를 접하지 않은 지역이에요.

서울에 한강이 있다면 충청도에는 금강과 남한강이 흘러요. 금강은 충청남도 지역을 주로 흐르는데 남한에서는 세 번째로 긴 강이에요. 남한강은 충청북도를 지나 경기도에서 북한강과 만나 서울까지 흘러가요.

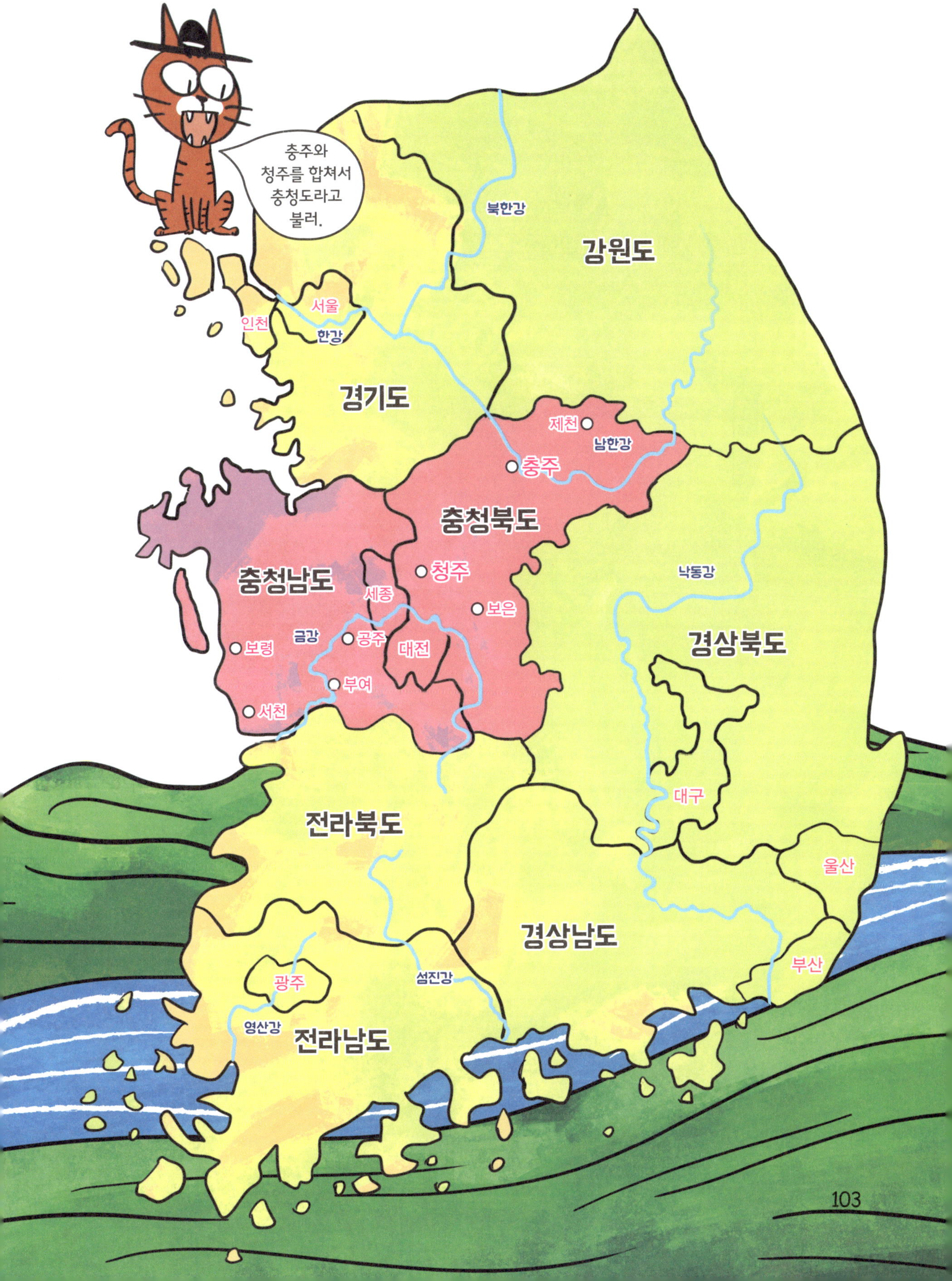
충주와
청주를 합쳐서
충청도라고
불러.
강원도
북한강
서울
인천
한강
경기도
제천
남한강
충주
충청북도
충청남도
청주
세종
보은
낙동강
금강
공주
보령
대전
부여
서천
경상북도
대구
전라북도
울산
경상남도
부산
광주
섬진강
영산강
전라남도

백제가 도읍을 옮기고 터를 잡은 곳이에요

삼국 시대에 백제는 처음에 한강 유역에서 나라를 세우고 발전했어요. 그러다가 고구려 장수왕의 공격으로 한강 유역을 빼앗기고 새로운 도읍을 찾아 충청도로 왔어요. 이때 터를 잡은 곳이 금강 주변의 웅진성이에요. 웅진성은 오늘날의 공주 일대랍니다. 그래서 공주시에는 지금도 백제의 흔적이 남아 있어요. 그중 대표적인 것이 무령왕릉이에요.

그런데 웅진성에 터를 잡은 백제는 성왕 때 도읍을 다시 사비성으로 옮겨요. 웅진성이 외세의 침략을 막기에 좋았으나 터가 좁아서 나라를 발전시키는 데 다소 어려움이 있었기 때문이에요. 백제는 이후 사비성에서 발전하다가 훗날 신라와 당나라 연합군의 공격을 받아 멸망하지요. 사비성은 오늘날의 부여 일대로, 이곳에 가면 백제의 대표적인 탑인 정림사지 5층 석탑을 볼 수 있답니다.

정림사지 5층 석탑

한국 지리 배움터

충청도에는 유명한 온천이 있어요

대전에는 유명한 온천이 있어요. 바로 '유성 온천'이에요. 이곳은 조선을 건국한 이성계가 새로운 도읍을 찾아 계룡산에 왔을 때 목욕한 곳으로도 유명해요. 조선 시대 때 온천 주변에 살던 사람들은 추운 겨울에도 빨래 걱정이 없었어요. 따뜻한 온천물로 하면 되니까요. 그래서인지 온천 주변의 사람들은 온천을 소중히 여겨 다른 사람들에게 별로 알리고 싶어 하지 않았다고 해요.

유성 온천이 유명해지고 본격적으로 개발된 것은 일제 강점기인 1919년부터예요. 온천장이 세워지기 시작했고 현재까지 이어졌어요. 충청도에는 유성 온천만큼 유명한 곳으로 충주의 수안보 온천과 아산의 도고 온천이 있어요. 두 곳은 모두 조선 시대 왕이 다녀간 곳으로도 잘 알려져 있어요. 그중 수안보 온천은 우리나라 최초의 자연 온천이기도 해요.

금강을 이용한 뱃길이 발달했어요

조선 시대에는 한강이 물건을 실어 나르는 고속 도로 역할을 했어요. 충청도에서 금강도 이와 비슷한 역할을 했지요. 금강은 물이 깊고 강의 폭이 넓어서 배가 드나들기에 안성맞춤이었거든요. 그래서 배를 타면 금강 하류에서 지금의 연기군까지 드나들 수 있었어요. 덕분에 금강 하류의 강경에는 커다란 시장이 들어섰는데 그 규모가 평양, 대구와 함께 조선 시대 3대 시장으로 손꼽힐 정도였지요.

그런데 오늘날 강경 시장의 규모는 옛 명성에 미치지 못해요. 왜냐고요? 금강의 뱃길이 사라졌기 때문이지요. 금강의 뱃길은 1905년 경부선 철도가 놓이면서 점점 제 역할을 할 수 없게 되었어요. 더군다나 1990년 금강에 하굿둑★이 건설되면서 서해에서 금강으로 배가 더 이상 들어갈 수 없게 되었답니다.

★**하굿둑** 밀물과 썰물의 차이가 큰 강 하류에 바닷물이 들어오는 것을 막기 위해 쌓은 댐을 말해요.

한반도 어디로든 통하는 충청도

충청도는 사통팔달★ 지역이라 불러요. 충청도에서 이런 역할을 한 대표적인 지역은 충청남도 천안과 충청북도 충주예요. 그중 천안은 옛날부터 '천안 삼거리'라는 말이 생길 정도로 서울과 전라도, 경상도를 이어 주는 곳이었어요. 천안 삼거리에서 북쪽으로 가면 한양이 나오고 반대로 한양에서 내려올 때 서쪽으로 가면 전라도, 동쪽으로 가면 경상도로 갈 수 있었답니다.

★**사통팔달** 길이 여러 군데로 통해 있어 막힘이 없다는 뜻이에요.

조선 시대에 충주는 경상도에서 한양으로 가는 사람들이 반드시 지나게 되는 곳이었어요. 그런데 충주에서 한양으로 가는 길이 육로만 있었던 것은 아니에요. 남한강이 지나고 있었기 때문에 배를 타고 한양으로 쉽게 갈 수도 있었어요. 뱃길 덕분에 충주에는 조선 시대 사대부들이 많이 살았다고 해요.

철도가 놓이면서 생긴 변화

1905년에 경부선과 1914년에 호남선 철도가 충청도를 지나가게 되었어요. 그러면서 충청도에 커다란 변화가 생겼어요. 중심 지역이 바뀐 것이지요. 이전에는 금강 뱃길의 경강과 부여가 중심지였는데 철도가 놓이면서 대전이 그 역할을 대신하게 된 거예요.

현재 충청도 지역에는 철도 이외에 수도권과 연결된 전철도 개통되었어요. 그래서 천안역에서 서울역까지 출퇴근하는 직장인들을 자주 볼 수 있어요. 반대로 수도권에서 천안에 있는 대학까지 전철을 타고 통학하는 학생들도 아주 많답니다.

한국 지리 배움터

울고 넘는 박달재

박달재는 충청북도 제천시에 있는 고개예요. 이 고개 이름은 박달이라는 선비와 관련 있어요. 경상도 지방에 살고 있던 박달은 과거 시험을 보기 위해 한양으로 가던 중 고개를 넘게 되었어요.

밤이 되어 고개 아랫마을에서 방을 얻어 묵게 되었는데 그곳에는 금봉이라는 어여쁜 처녀가 살고 있었어요. 금봉과 사랑에 빠진 박달은 과거 시험에 합격한 후 돌아와 혼인을 하겠다고 약속하고 한양으로 떠났어요.

하지만 과거 시험이 끝나고 한참이 지나도 박달 선비는 돌아오지 않았어요. 금봉은 기다리다 지쳐 죽고 말았어요. 얼마 뒤 돌아온 박달 선비는 금봉의 죽음을 알게 되었어요. 그녀의 죽음을 슬퍼하며 고개를 헤매던 박달은 금봉의 뒤를 따르게 되었지요. 이후 박달이 죽은 고개를 박달재라 부르게 되었다고 해요. 박달 선비가 왜 빨리 돌아오지 않았느냐고요? 과거 시험에 떨어져서 금봉이를 볼 면목이 없었기 때문이래요.

과학의 도시 대전광역시

대전이 충청도의 중심 도시가 된 까닭은?

대전광역시는 충청도의 가장 대표적인 도시예요. 대전은 대한 제국 시기에만 하더라도 넓은 밭이 있는 한가로운 농촌 마을에 불과했어요. 이런 대전에 변화가 생긴 것은 철도가 놓이면서부터예요. 1905년 서울에서 부산을 잇는 경부선 철도가 이곳을 지나게 되면서 대전은 발전했지요.

그 후 1914년에 호남선 철도도 대전을 통과하게 되면서 대전은 우리나라의 교통 중심지가 되었어요. 덕분에 1932년에는 공주에 있던 충청남도의 도청이 대전으로 옮겨 갔지요. 그리고 1989년에는 직할시, 1995년에는 광역시가 되어 충청도 지방에서 가장 큰 도시가 되었어요.

첨단 기술 산업이 발전했어요

온천 관광지로 유명하던 대전에 1970년대부터 대덕 연구 단지가 만들어지기 시작했어요. 이곳에는 한국 과학 기술원(KAIST)을 비롯해 여러 과학 기술 관련 기관들이 생겨났어요. 현재는 대덕 연구 개발 특구로 지정되어 우리나라 과학 기술 발전을 이끌고 있어요. 이외에도 대전에는 우리나라의 과학 교육을 이끄는 국립 중앙 과학관도 있답니다.

금강을 막아서 만든 대청댐

대청댐은 대전과 충청북도 사이를 흐르는 금강을 막아서 만든 대표적인 다목적 댐이에요. 전기를 만들 뿐만 아니라 홍수와 가뭄을 조절하고 농업용수와 공업용수를 공급하는 여러 가지 일을 해내는 댐이랍니다. 한편 대청댐 주변은 경치가 아름다워 많은 사람이 찾는 관광 명소예요. 대청호 주변에는 남쪽의 청와대, '청남대'라 불리는 대통령의 별장이 있는데 현재는 관광지로 이용되고 있어요.

발길 따라 떠나는 충청도 여행

작은 금강산으로 불리는 속리산

소백산맥이 뻗어 가는 충청북도 보은에는 속리산이 있어요. 속리산은 경치가 아름다워 '작은 금강산'이란 별명을 가지고 있으며 1970년에 국립 공원으로 지정되었어요. 속리산에는 삼국 시대에 만들어진 법주사라는 절이 있는데 국보급 유산들이 많이 있어요. 그중 대표적인 것이 팔상전이에요. 팔상전은 우리나라에 유일하게 남아 있는 목탑이랍니다.

난을 피하기 좋은 곳이라 여겨진 계룡산

계룡산은 차령산맥에 있어요. 계룡산이란 이름은 산의 능선이 닭 볏을 쓴 용처럼 보여 붙여진 거래요. 조선을 건국한 후 태조 이성계는 이곳을 도읍으로 삼으려고 했어요. 또 〈정감록〉이라는 책에서는 우리나라에 큰일이 발생했을 때 몸을 피하기 좋은 10곳 중 하나로 소개되었지요. 그래서인지 이곳에는 사람들이 전쟁이나 큰일을 피해 많이 모여들었어요.

보령 머드 축제

보령의 머드 축제를 보러 가요

충청남도 보령시에 있는 대천 해수욕장에서는 해마다 여름이 되면 머드 축제가 열려요. 서해안에서 가장 규모가 큰 대천 해수욕장은 기다란 해안선을 따라 고운 진흙이 펼쳐져 있어 사람들은 이 진흙으로 마사지를 하고 각종 놀이를 즐겨요. 1998년에 처음 시작된 이 축제는 외국인 관광객들이 참여할 정도로 우리나라를 알리는 대표적인 축제로 자리 잡았어요. 세계적으로 유명한 이스라엘 해안의 진흙보다 좋은 성분들이 풍부하기 때문이에요.

왕에게 바치던 한산의 모시

모시로 만든 옷은 가볍고 시원해 삼국 시대부터 즐겨 입었어요. 모시는 충청남도 서천군의 한산에서 만들어진 세모시를 최상품으로 여겼어요. 이곳에서 만든 세모시는 아주 가늘고 고와 '밥그릇 하나에 모시 한 필이 다 들어간다.'라는 말이 나올 정도였지요. 모시를 만드는 일은 아주 까다로워요. 습도가 부족하면 끊어지기 때문에 한여름에도 바람이 통하지 않는 곳에서 만들었다고 해요. 이렇게 만들어진 한산 모시는 왕이나 높은 관리에게 바치는 진상품이 되었답니다.

전라도는 우리나라에서 가장 넓은 곡창 지대인 호남평야를 품고 있어요. 또한 황해와 남해, 넓은 바다와 잇닿아 있지요. 덕분에 육지와 바다에서 나는 다양한 재료로 만든 음식이 유명하답니다. 게다가 해마다 전주에서는 판소리 등 국악 실력을 겨루는 전주 대사습놀이도 열려요. 이렇듯 맛과 멋의 고장인 전라도에 대해 알아보아요.

곡창 지대를
품고 있는 전라도

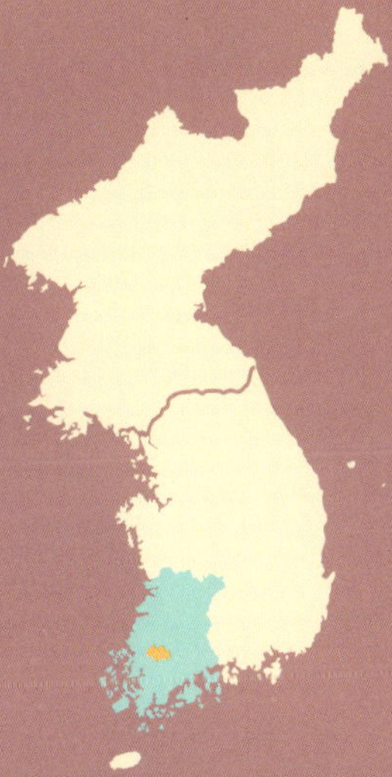

한눈에 살펴보는 전라도

한반도 서남부에 위치한 전라도

전라도는 한반도의 서남쪽에 있어요. 북쪽으로는 충청도와 만나고, 동쪽으로는 경상도와 맞닿아 있지요. 또한 전라도의 서쪽과 남쪽에는 각각 황해와 남해가 있어요. 두 바다는 해안선이 아주 복잡하고 갯벌이 발달하여 그 주변에는 수산업이 발달했지요. 특히 전라도에서는 물고기나 조개, 김 등을 기르는 양식업을 하는 곳이 많이 있어요.

전라도라는 명칭은 고려 시대에 처음 등장한 후 조선 시대에 이곳의 중심지인 전주와 나주의 앞 글자를 따서 현재까지 불려져요. 조선 시대에는 전라도, 광남도, 전남도 등으로 불리다가 대한 제국 시기에 지금처럼 전라남도와 전라북도로 나뉘게 되었어요. 현재는 전라남도에서 광주광역시가 분리되어 전라도의 행정 구역은 크게 셋으로 나뉘어 있어요.

우리나라 최대의 평야가 있어요

호남 지방이라고도 불리는 전라도는 우리나라에서 쌀이 많이 생산되는 곡창 지대예요. 곳곳에 넓은 평야가 있기 때문이지요. 가장 대표적인 곳은 우리나라에서 가장 큰 호남평야예요.

호남평야는 전라북도의 김제와 익산, 정읍, 군산, 전주 등 5개의 시와 완주군, 부안군, 고창군에 두루 걸쳐 있어요. 그중 김제는 우리나라에서 유일하게 지평선★을 볼 수 있는 곳으로 유명하답니다.

호남평야 다음으로 넓은 곳은 전라남도에 있는 나주평야예요. 나주평야는 전라도를 대표하는 강인 영산강 중류에 있어요. 그리고 호남평야처럼 여러 지역에 걸쳐 있는 것이 아니라 나주시 한 곳을 중심으로 펼쳐져 있어요. 이곳은 삼국 시대부터 벼농사를 짓던 곳으로 쌀과 목화, 누에고치가 많이 생산되던 곳이에요.

★**지평선** 넓고 평평한 땅의 끝과 하늘이 맞닿아 이루는 선을 말해요.

할머니 산신령이 지키고 있다는 지리산

산신령 하면 어떤 모습이 떠오르나요? 보통은 하얀 수염을 길게 늘어뜨린 할아버지가 생각날 거예요. '금도끼 은도끼' 전래 동화에서 나무꾼이 연못에 빠뜨린 도끼를 찾아 주던 그런 산신령 할아버지 말이에요. 그런데 지리산을 지키는 산신령은 할아버지가 아니라 할머니래요. 이름은 노고 할머니예요. 지리산에는 노고 할머니에게 제사를 지내던 곳도 있어요.

혹시 어디인지 짐작할 수 있나요? 바로 노고단이에요. 노고단은 천왕봉, 반야봉과 더불어 지리산의 3대 봉우리 중 하나예요. 높이가 1,507미터나 되어 노고단 정상에 올라가면 구름이 산을 넘어가는 것을 볼 수 있어요. 또한 이곳에서는 지리산의 모습을 한눈에 볼 수 있답니다. 지리산은 우리나라에서 한라산 다음으로 높은 산이에요. 전라 남북도를 비롯해 경상남도까지 세 개의 도에 넓게 걸쳐 있어 '어머니의 산'이라는 별칭도 갖고 있어요.

맛과 멋의 고장

전통문화의 보물 창고, 전라도

손에 부채를 든 사람이 병풍이 둘러쳐진 곳에서 북소리에 맞춰 노래 부르는 걸 본 적이 있나요? 우리나라의 전통 음악인 판소리의 공연 모습이에요. 이런 판소리의 본고장이라고 알려진 곳이 바로 전라도랍니다. 왜 이렇게 불리냐고요? 조선 후기 이후 판소리를 노래한 광대를 정리한 책이 있는데 그곳에 나온 광대 중 절반 이상이 전라도 출신 사람이래요.

전라도에는 판소리 이외에도 농악, 민요 등 우리나라의 전통문화가 잘 보존되어 있어요. 물론 농악은 전라도 지역에서만 발전된 것은 아니에요. 하지만 2025년 현재 국가 무형유산으로 지정된 농악은 8개인데, 그중 절반 정도가 전라도 지역에서 전해져 내려온 것이에요.

여러 사람이 손을 잡고 빙빙 도는 강강술래도 전라도의 대표적인 민속놀이로 국가 무형유산에 지정되었어요.

다채로운 음식 재료가 나요

전라도 지역을 여행하면서 가장 좋았던 점이 뭐냐고 물어보면 아마도 여러 가지 맛있는 음식을 맛본 것이라는 대답이 많을 거예요. 그만큼 전라도는 음식의 재료가 다양하고 풍부한 곳이랍니다. 예를 들면 넓은 평야에서는 다양한 곡식을 구할 수 있고 낮은 산지에서는 산나물, 깨끗한 바닷가에서 나는 해산물 등이 많기 때문이에요.

이렇게 다양한 전라도의 음식 중 비행기 기내식으로 채택된 것이 있어요. 바로 비빔밥이지요. 비빔밥은 밥에 여러 가지 나물을 넣어 비벼 먹는 음식이에요. 우리나라는 여러 지역에서 다양한 비빔밥을 만들어 먹었는데 그중 특히 유명한 게 전주비빔밥이에요. 전주비빔밥은 밥에 콩나물과 육회를 비롯한 30여 가지의 재료를 넣어서 만들어요. 이는 전라도 지방에 다양한 먹을거리가 있었기 때문에 가능한 것이지요.

한국 지리 배움터

영광 굴비 이야기

전라도 지방의 음식 중 밥도둑이라는 별명을 가진 것이 있어요. 바로 굴비예요. 굴비는 원래 조기라는 생선을 소금에 절여 말린 것이에요. 처음에는 이렇게 소금에 절여 말린 생선을 굴비라 부르지 않고 '석어'라 불렀답니다. 석어라는 이름의 유래 중 하나는 생선을 소금에 절여 토굴 속에서 한 마리씩 돌로 눌러 하룻밤을 재웠다가 말렸기 때문에 '돌 석' 자를 넣어 석어라고 불렀다고 해요. 그렇다면 왜 석어를 굴비라고 부르게 되었을까요? 고려 시대에 전라남도 영광의 법성포 지역으로 귀양살이★를 온 이자겸 때문이에요.

★**귀양살이** 일정 기간 동안 먼 시골이나 섬으로 보내 자유롭게 살지 못하게 하는 벌이에요.

이자겸은 고려 제17대 임금인 인종의 외할아버지로 큰 권력을 가지고 있었어요. 그런데 여기에 만족하지 않고 자신의 딸을 인종에게 시집보내고 나라의 정치를 마음대로 하려 했어요. 심지어 손자인 왕을 죽이고 스스로 왕이 되려 했지요. 이자겸의 이런 계획은 실패로 끝나고 법성포로 귀양을 가게 되었어요. 이곳에서 조기를 맛본 이자겸은 그 맛에 반해서 왕에게 선물로 보냈답니다. 그러면서 생선의 이름을 '비겁하게 굽히지 않겠다'라는 의미로 '굴비'라고 지었대요. 그 후로 굴비는 귀한 사람에게 보내는 선물이라 여겨졌어요.

더불어 사는 광주광역시

전라도의 중심 도시가 된 빛고을 광주

광주는 삼국 시대에 무진주 또는 무주로 불렸어요. 지금처럼 광주라고 불리게 된 것은 고려 초부터예요. 조선 시대까지도 광주는 전주나 나주보다 작은 도시에 불과했어요. 그렇다면 광주가 전라도의 중심 도시가 된 것은 언제부터일까요? 바로 대한 제국 시기예요. 이때 전국을 13개의 도로 나누는 제도가 실시되고 전라남도 도청이 나주에서 광주로 옮겨지면서 광주는 큰 도시로 성장하게 되었어요.

1980년 5월 18일에는 광주 시민들을 중심으로 민주화 운동이 일어났어요. 이 과정에서 많은 광주 시민이 목숨을 잃었지요. 그러나 광주 시민의 희생은 헛되지 않고 우리나라 민주주의 발전의 기초가 되었답니다. 여러분이 광주에 가게 된다면 한번쯤은 가 봐야 할 곳이 있어요. 바로 '국립 5·18 민주 묘지'예요. 기차를 타고 광주역에서 내려 518번 버스를 타고 약 1시간을 가면 도착하지요. 이곳은 5·18 민주화 운동 과정에서 희생된 분들이 잠들어 있는 곳이에요.

발길 따라 떠나는 전라도 여행

순천만의 갈대를 보러 가요

만은 바다가 육지 쪽으로 쏙 들어가 생긴 지형을 말해요. 지도에서 여수반도와 고흥반도를 찾아보세요. 그 사이에 육지 방향으로 쏙 들어간 곳이 순천만이에요. 순천만은 고운 흙으로 이루어진 갯벌이 아주 유명해요. 고운 흙 덕분에 순천만 갯벌에는 우리나라에서 가장 넓은 갈대밭이 있어요.

이러한 갯벌이 만들어질 수 있는 비결은 무엇일까요? 지리산에서부터 시작된 강물이 실어 온 고운 흙이 바다로 빠져나가지 않게 여수반도와 고흥반도가 이를 감싸 주기 때문이래요. 순천만에는 해마다 2백여 종류의 수많은 철새가 찾아와요. 그중에는 멸종 위기에 처한 검은머리갈매기도 있답니다. 또한 2013년에는 국제 정원 박람회가 개최되었는데 그때 만들어진 갖가지 정원들이 국가 정원으로 지정되어 지금도 보존되고 있어요.

고인돌이 가장 많은 곳, 전라북도 고창

고인돌은 청동기 시대 족장의 무덤이에요. 우리나라에는 고인돌이 아주 많답니다. 어느 정도냐고요? 전 세계에서 발견되는 고인돌은 약 6만~7만 개가 있는데 그중 약 40퍼센트가 한반도에 있다고 해요.

그래서 2000년에 고창(전라북도), 화순(전라남도), 강화도(인천광역시) 등 우리나라의 고인돌 유적지가 유네스코 세계 문화유산에 등재되었어요.

고인돌은 한반도에서 많이 발견되고 있어요. 그중에서도 전라도 지역에서 발견되는 고인돌의 수가 가장 많다고 해요. 이는 우리나라 고인돌의 절반 정도에 해당되지요.

특히 전라북도의 고창에서는 바둑판식 고인돌과 탁자식 고인돌 등 다양한 크기의 고인돌이 모두 발견되고 있답니다.

고창 부곡리 고인돌

세계에서 가장 긴 새만금 방조제

방조제는 바닷물이 들어오는 것을 막기 위해 쌓은 둑을 말해요. 새만금 방조제는 전라북도 군산시에서 김제시를 거쳐 부안군 앞바다를 연결하지요. 총 길이 33.9킬로미터로 세계에서 가장 길어 기네스북에 등재되었을 정도예요. 새만금 방조제를 쌓은 덕분에 아주 넓은 간척지가 조성되었는데 그 면적이 자그마치 서울 여의도의 140배에 달한다고 해요. 그렇다면 이렇게 넓은 땅에서는 무엇을 할까요?

우선 친환경 농업 작물을 재배하는 농업 단지가 만들어져 콩과 옥수수 등이 재배되기 시작했어요. 여기에 한발 더 나아가 신재생 에너지 산업 단지 및 첨단 산업 단지를 만들어 동아시아의 산업 중심지를 만들 계획이랍니다. 그리고 국제 해양 관광 단지도 조성되고 있다고 해요. 하지만 새만금 방조제를 만들면서 좋지 않은 일도 생겼어요. 드넓었던 서해안 일대의 갯벌이 사라져 수많은 동식물이 보금자리를 잃었으며 지금도 사라지고 있다는 거예요.

군산시
새만금 방조제
부안군
새롭다는 뜻의 '새'
만경강의 '만'
김제평야의 '금'을 합쳐
새만금이라 불러.

한국 지리 배움터

여유롭고 조화로운 슬로시티

비가 온 다음 날 화단에서 느릿느릿 움직이는 달팽이를 본 적이 있나요? 달팽이처럼 느리게 살며 자신이 사는 곳의 자연과 문화를 보호하는 마을을 '슬로시티'라고 해요. 슬로시티 운동은 1999년 이탈리아에서 처음 시작되었어요. 이 운동이 본격화되기 전인 1990년대 초 이탈리아 사람들은 '슬로푸드를 먹자'는 운동을 펼쳤어요. 햄버거처럼 주문하면 바로 음식이 나오는 패스트푸드를 먹지 말고 오랜 시간과 정성을 들여 만드는 음식을 먹자는 것이지요. 차츰 생활 속에서도 여유롭고 느리게 사는 삶이 중요하다는 것을 깨닫게 되었고, '느리게 살자'라는 의미의 '치타슬로(Cittaslow)' 운동을 시작하게 된 거예요. 우리나라에서도 2007년 전라남도 담양군에 있는 삼지내 마을이 최초로 슬로시티에 지정되면서 2025년 현재 전국의 15개 지역이 슬로시티로 지정되었어요. 앞으로 더 늘어날 수도 있답니다.

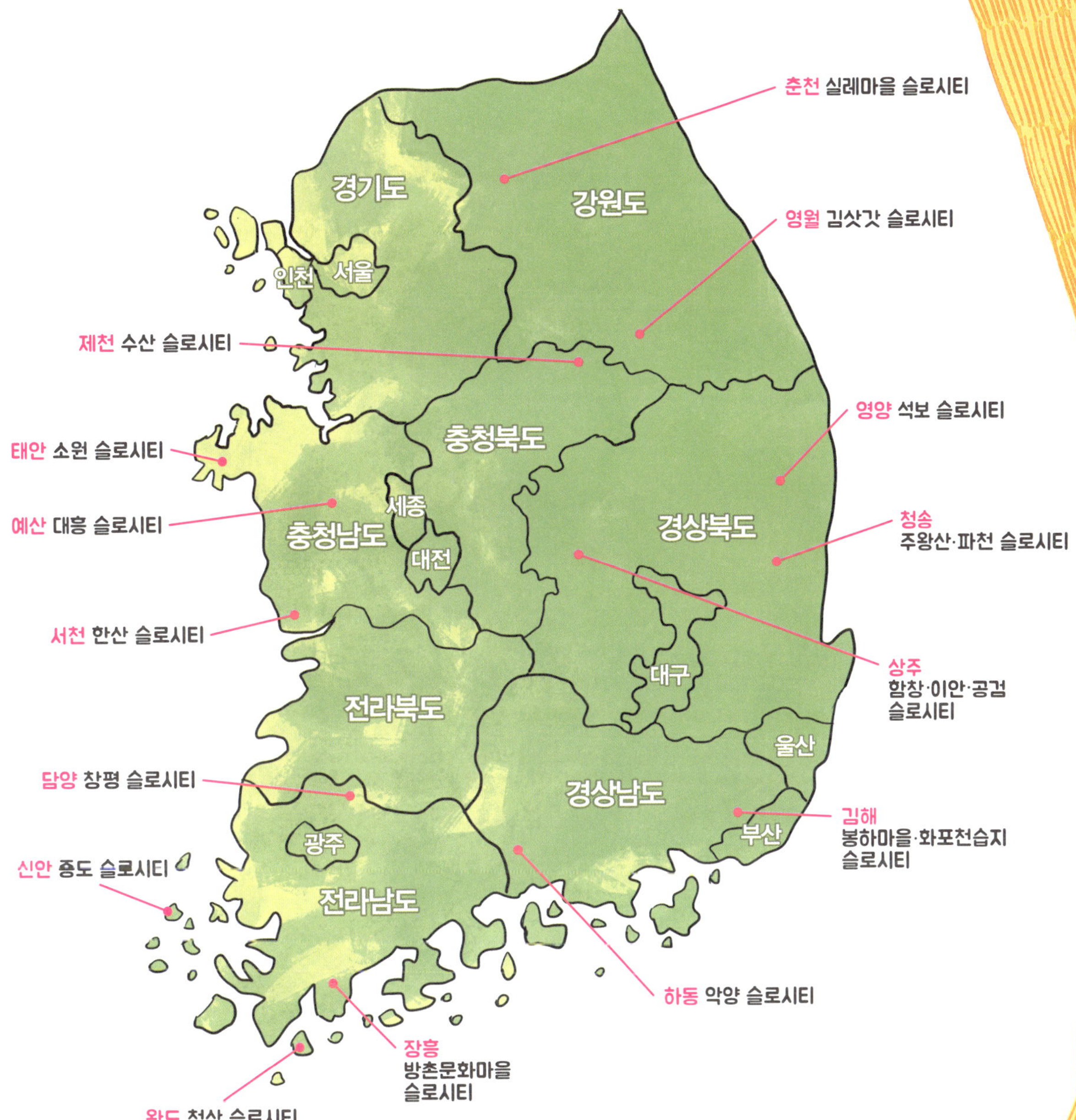
춘천 실레마을 슬로시티
경기도
강원도
인천
서울
영월 김삿갓 슬로시티
제천 수산 슬로시티
영양 석보 슬로시티
태안 소원 슬로시티
충청북도
예산 대흥 슬로시티
세종
충청남도
경상북도
청송
주왕산·파천 슬로시티
대전
서천 한산 슬로시티
대구
상주
함창·이안·공검
슬로시티
전라북도
울산
담양 창평 슬로시티
경상남도
김해
봉하마을·화포천습지
슬로시티
광주
부산
신안 증도 슬로시티
전라남도
하동 악양 슬로시티
장흥
방촌문화마을
슬로시티
완도 청산 슬로시티

자연 존중
지속 가능한 미래 건설
문화유산 보존
건강한 생활 양식 유지
지역 공동체와의 협동

제2의 수도인 부산광역시가 있는 경상도는 임진왜란 때 제일 먼저 일본군에 맞선 의병이 일어난 곳이에요. 또한 6·25 전쟁 때는 수도인 서울을 대신해 부산이 임시 수도의 역할을 톡톡히 해냈지요. 경제 개발 계획이 한창 진행될 무렵에는 철강, 기계, 석유 제품 등을 만드는 중화학 공업이 발달하였고 이를 수출하는 곳이기도 했어요.

우리 역사에서 중요한 역할을 했던 경상도를 한번 둘러보아요.

중화학 공업이 발달한 경상도

한눈에 살펴보는 경상도

영남 지방이라고도 불려요

경상도는 한반도의 동남쪽에 있어요. 경상도에는 태백산맥과 소백산맥이 둘러싸고 있답니다. 이곳을 경상도라고 부른 것은 고려 시대부터예요. 그 후 조선 시대에는 인구가 많고 큰 고장이었던 경주와 상주의 첫 글자를 따서 불리게 되었는데 지금은 두 곳 다 경상북도에 있어요. 당시에는 낙동강을 기준으로 동쪽을 경상좌도, 서쪽을 경상우도라고 부르기도 했어요. 그러다가 지금처럼 경상북도와 경상남도로 나뉘게 되었답니다.

한편 경상도 지역은 흔히 영남 지방이라고 많이 불려요. 여기서 '영(嶺)'은 소백산맥에 있는 죽령과 조령의 두 고개를 말해요. 즉 영남 지방이란 두 고개의 남쪽이란 뜻이에요. 그중에서 '조령'은 새도 날아서 넘기 힘들 정도로 높아 쉬어 넘어간다는 의미에서 붙여진 것이에요. 경상도 지역은 삼국 시대에 신라가 터를 잡고 발전한 곳이기도 해요.

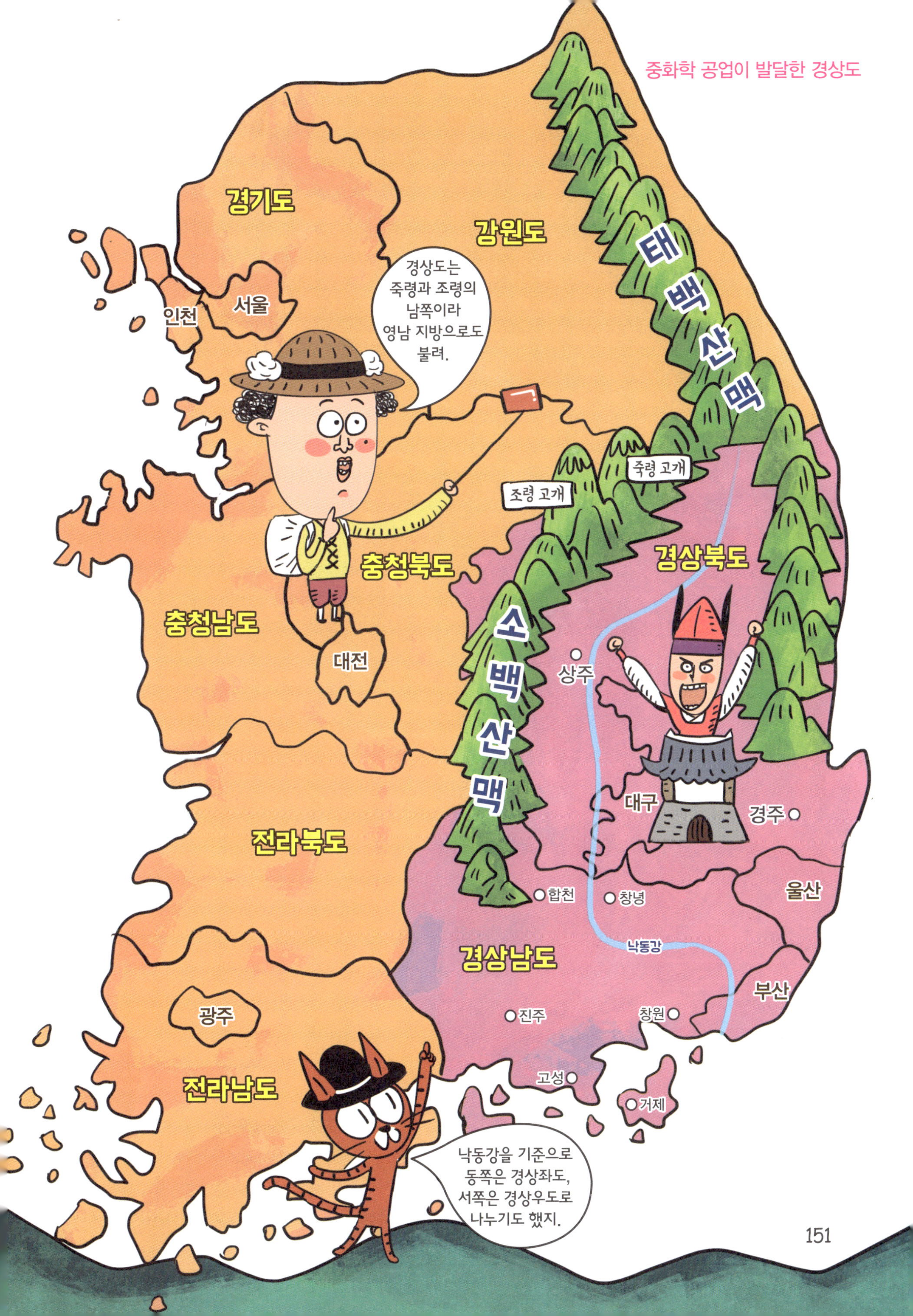
경기도
강원도
태백산맥
경상도는 죽령과 조령의 남쪽이라 영남 지방으로도 불려.
인천
서울
죽령 고개
조령 고개
충청북도
경상북도
충청남도
소백산맥
대전
상주
대구
경주
전라북도
합천
창녕
울산
낙동강
경상남도
부산
광주
진주
창원
고성
거제
전라남도
낙동강을 기준으로 동쪽은 경상좌도, 서쪽은 경상우도로 나누기도 했지.

대한민국에서 가장 긴 낙동강

낙동강은 경상도 지역을 흐르는 대표적인 강으로 한반도에서 압록강과 두만강 다음으로 길답니다. 낙동강 주변에는 물줄기를 따라 기름진 평야가 발달했어요. 그중 대표적인 것이 낙동강 하류의 김해평야예요. 김해평야는 낙동강이 실어 온 고운 모래와 흙이 쌓여 만들어진 삼각주★예요. 이집트의 나일강 삼각주와 베트남의 메콩강 삼각주가 유명해요.

★**삼각주** 강물이 흐르는 속도가 느려지는 하류에 삼각형 모양으로 흙이 쌓여 만들어진 지형을 말해요.

국립 공원으로 지정된 경상도의 산은?

경상도의 대표적인 산은 지리산, 주왕산, 가야산 등을 꼽을 수 있어요. 세 산 모두 국립 공원으로 지정되어 있으니 경치가 얼마나 아름다운지 상상할 수 있겠지요? 그중 가야산에는 유네스코 세계 유산이 두 개나 있어요.
바로 해인사에 있는 팔만대장경과 장경판전이랍니다. 지리산은 한라산 다음으로 높은 천왕봉을 품고 있어요. 금강산, 한라산과 더불어 우리나라 3대 산으로 손꼽히며, 산세가 아름다워 우리나라에서 가장 먼저 국립 공원으로 지정되었어요.

남동 임해 공업 지역이 뭐예요?

경상북도 포항에서 전라남도 여수까지 해안선을 따라 울산, 부산, 창원 등 큰 도시들이 자리 잡고 있어요. 이곳을 '남동 임해 공업 지역'이라 해요. 우리나라에서는 수도권 다음으로 규모가 큰 공업 지역이지요. 이렇듯 해안가에 공업 지역이 자리 잡은 이유는 원료의 수입과 완제품의 수출에 유리하기 때문이에요.

그래서 정부는 1970년대부터 이곳에 중화학 공업을 육성하기 시작했어요. 그 결과 포항에는 제철 공장이 들어섰고, 울산에는 자동차와 석유 화학, 배를 만드는 조선 산업이 발달했어요. 또한 창원에는 대규모 기계 공업 단지가 조성되었는데, 2010년 마산과 진해를 합쳐 통합 창원시가 되었고 현재는 창원특례시로 불리며 경상남도의 도청이 있어요.

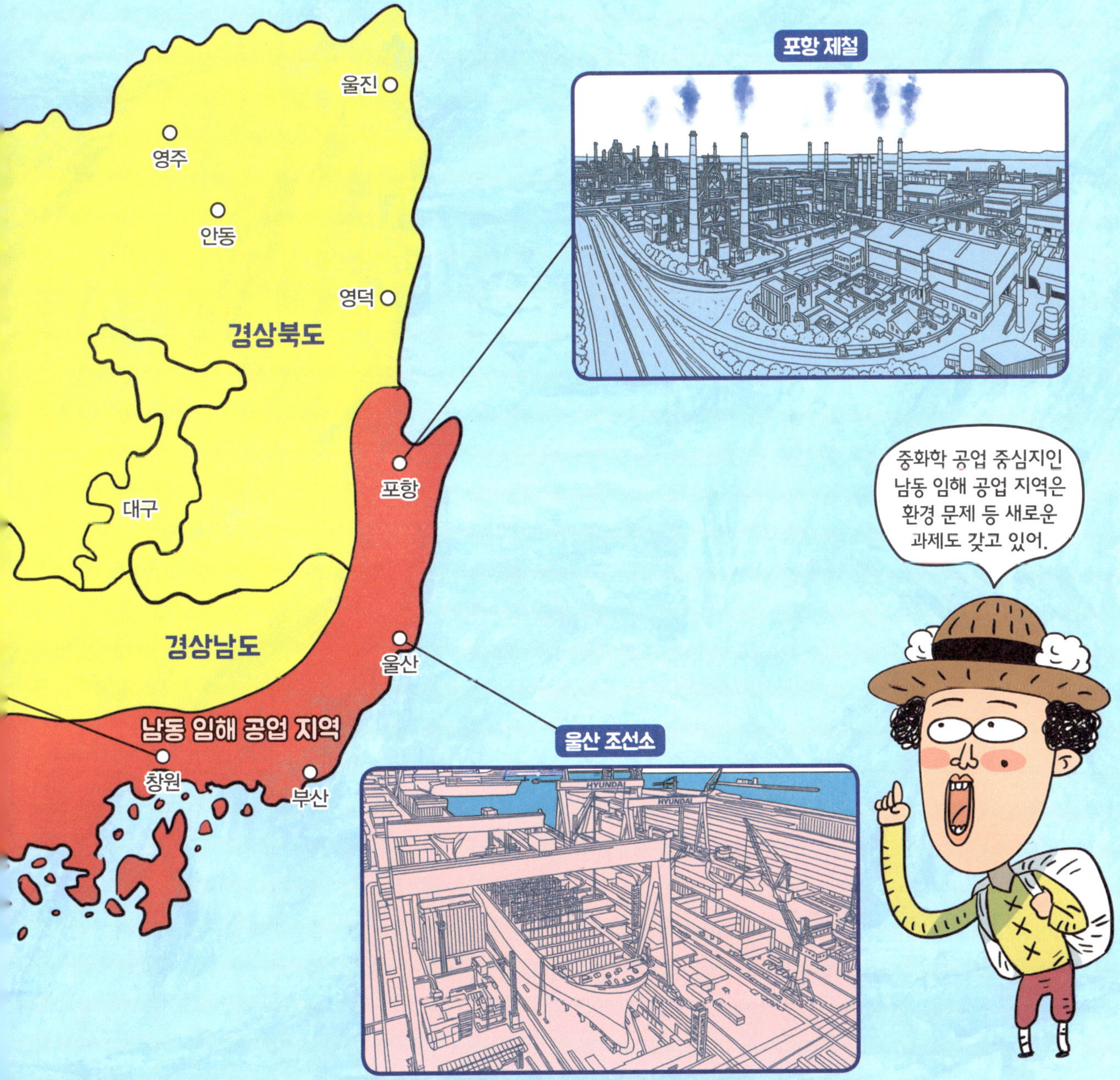

한국 지리 배움터

사는 곳에 따라 집의 구조가 달랐어요

우리 조상들은 살고 있는 지역의 기후에 맞는 집을 짓고 살았어요. 그렇다면 한반도의 기후는 어떤 특징을 갖고 있을까요?

먼저 봄, 여름, 가을, 겨울의 사계절이 뚜렷해요. 또 각 계절에 따라 바람이 부는 방향이 다르답니다. 겨울에는 건조하고 차가운 북서 계절풍이 불고, 여름에는 태평양으로부터 습기가 많은 바람이 불고 비도 많이 내리는 편이지요. 그리고 땅의 모양이 남북으로 길기 때문에 북쪽과 남쪽의 기후 차이가 많이 나요.

이렇듯 지역별로 기후 조건이 다르다 보니 자연스럽게 집의 구조도 각 지역에 따라 달라졌어요. 한반도에서 가장 추운 곳인 함경도 지방은 마루가 없으며 방과 부엌 등이 함께 붙어 있는 겹집 구조가 특징이에요. 이러한 구조의 집은 높은 산이 많은 강원도 동부와 경상도 북동부 지역에서도 볼 수 있어요. 이와 반대로 남부 지방의 집은 여름의 더위와 습기를 피하기 위해 일자형의 홑집 구조를 갖고 있어요. 또 방과 방 사이에는 '대청'이라고 불리는 넓은 마루도 있고요.

북부와 남부의 중간 지대인 중부 지방은 'ㄱ' 자 모양의 집 구조에 남부 지역처럼 대청마루도 있어요. 이외에도 제주도는 여름철이 매우 무더워 부엌과 방 사이에 마루를 두는 것이 특징이에요. 그리고 방 뒤에 '고팡'이라고 불리는 창고를 만들어 물건을 보관했어요.

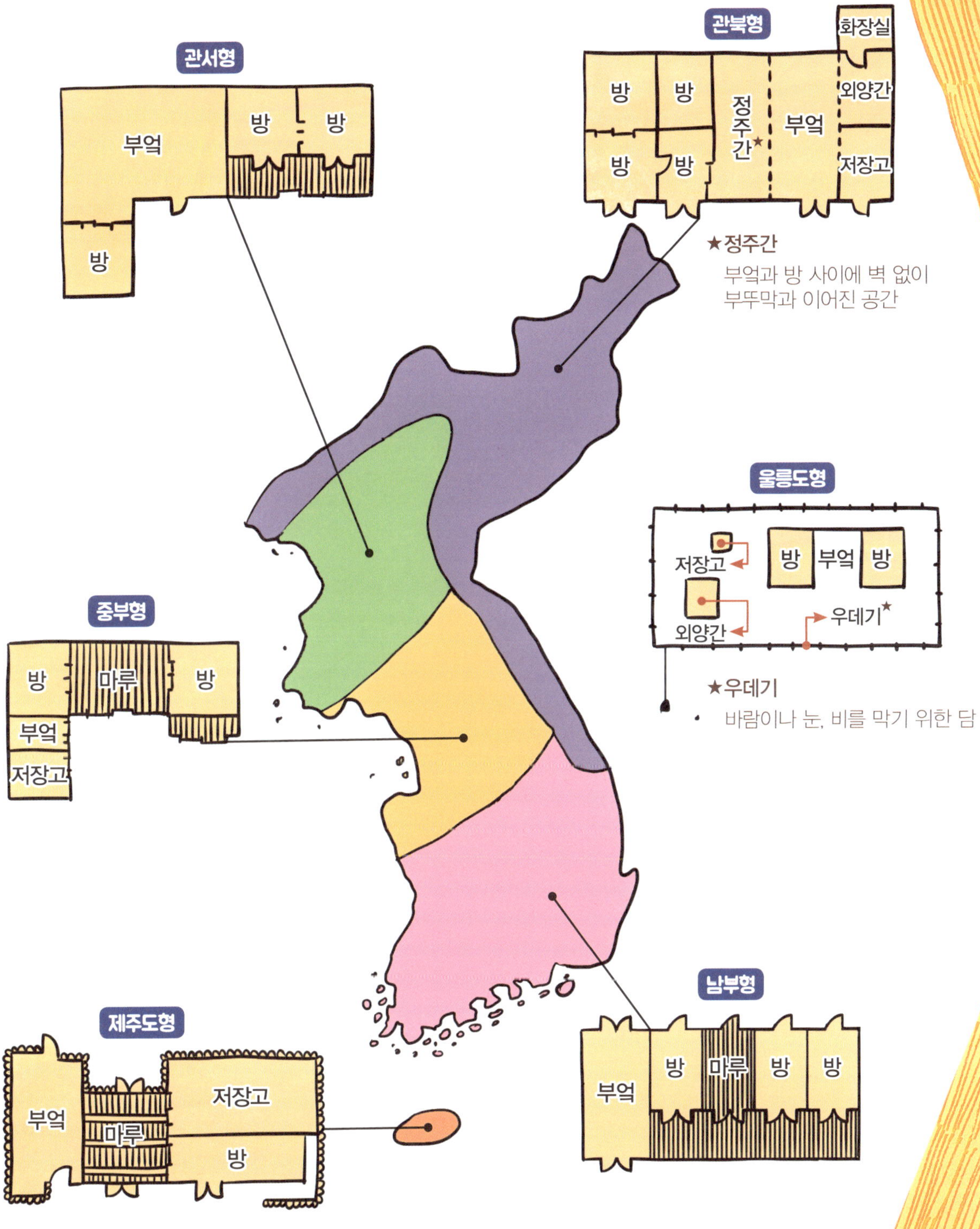
관서형
부엌
방
방
방
관북형
화장실
방
방
정주간★
부엌
외양간
방
방
저장고
★정주간
부엌과 방 사이에 벽 없이
부뚜막과 이어진 공간
울릉도형
저장고
방
부엌
방
외양간
우데기★
★우데기
바람이나 눈, 비를 막기 위한 담
중부형
방
마루
방
부엌
저장고
남부형
부엌
방
마루
방
방
제주도형
부엌
마루
저장고
방

광역시가 세 곳이나 있는 경상도

우리나라에서 두 번째로 큰 부산광역시

부산은 경상남도에 있는 대표적인 항구 도시예요. 부산이란 이름은 원래 '넉넉할 부(富)'를 써서 부산(富山)이었어요. 그런데 조선 시대에 지금처럼 부산(釜山)으로 바뀌었어요. 왜냐고요? 이곳에 있는 산이 가마솥 모양을 닮았다고 해서 '가마솥 부(釜)'를 쓴 것이지요. 부산은 현재 우리나라에서 두 번째로 큰 도시이지만 고려 시대만 하더라도 경상도의 동래현에 속해 있던 작은 지역에 불과했어요.

그러던 부산이 근대적 도시로 발전하게 된 것은 1876년 일본과 강화도 조약을 맺은 후부터랍니다. 이때부터 항구를 열고 근대적인 시설들이 만들어졌거든요. 또한 1950년 6·25 전쟁이 일어나 서울이 함락되었을 때는 임시 수도의 역할도 했답니다. 그 후 전국에서 피란민들이 몰려와 부산의 인구가 급속도로 늘어났다고 해요.

덥다 더워, 대구광역시

대구광역시는 우리나라에서 여름에 가장 더운 곳으로 손꼽혀요. 어느 정도냐고요? 1942년 8월 1일에 대구광역시의 기온이 무려 40도까지 올라갔었대요. 이 기록은 2018년 다른 지역이 41도까지 올라가면서 깨졌지만, 대구는 '대프리카'라는 별명으로 불릴 정도로 무더운 곳이에요.

그렇다면 대구광역시의 여름철 기온은 왜 이리 높은 것일까요? 그 이유는 대구광역시가 경상도의 한가운데 위치하고 있는 대표적인 분지이기 때문이에요. 산으로 둘러싸여 있기 때문에 다른 지역에 비해 비가 적게 내리고 여름에는 더운 기운이 밖으로 빠져나가지 못해 더울 수밖에 없지요.

대표적인 중공업 도시, 울산광역시

경상도 해안가에 남동 임해 공업 지역이 펼쳐진다고 한 거 기억나지요? 울산광역시는 이러한 남동 임해 공업 지역의 중심 도시 중 하나예요. 조선, 자동차, 석유 화학과 관련된 공장이 아주 많거든요. 울산광역시에 지금처럼 많은 공장이 세워지기 시작한 것은 제1차 경제 개발 계획이 시작된 1962년부터예요. 그 결과 우리나라의 최대 공업 도시로 성장하였고 현재 1인당 종합 소득액이 서울 다음으로 높답니다. 그리고 울산 서쪽의 산지에서 시작되어 동해로 흐르는 태화강이 있어요. 울산광역시에 풍부한 공업 용수를 제공해 울산의 젖줄인 셈이지요.

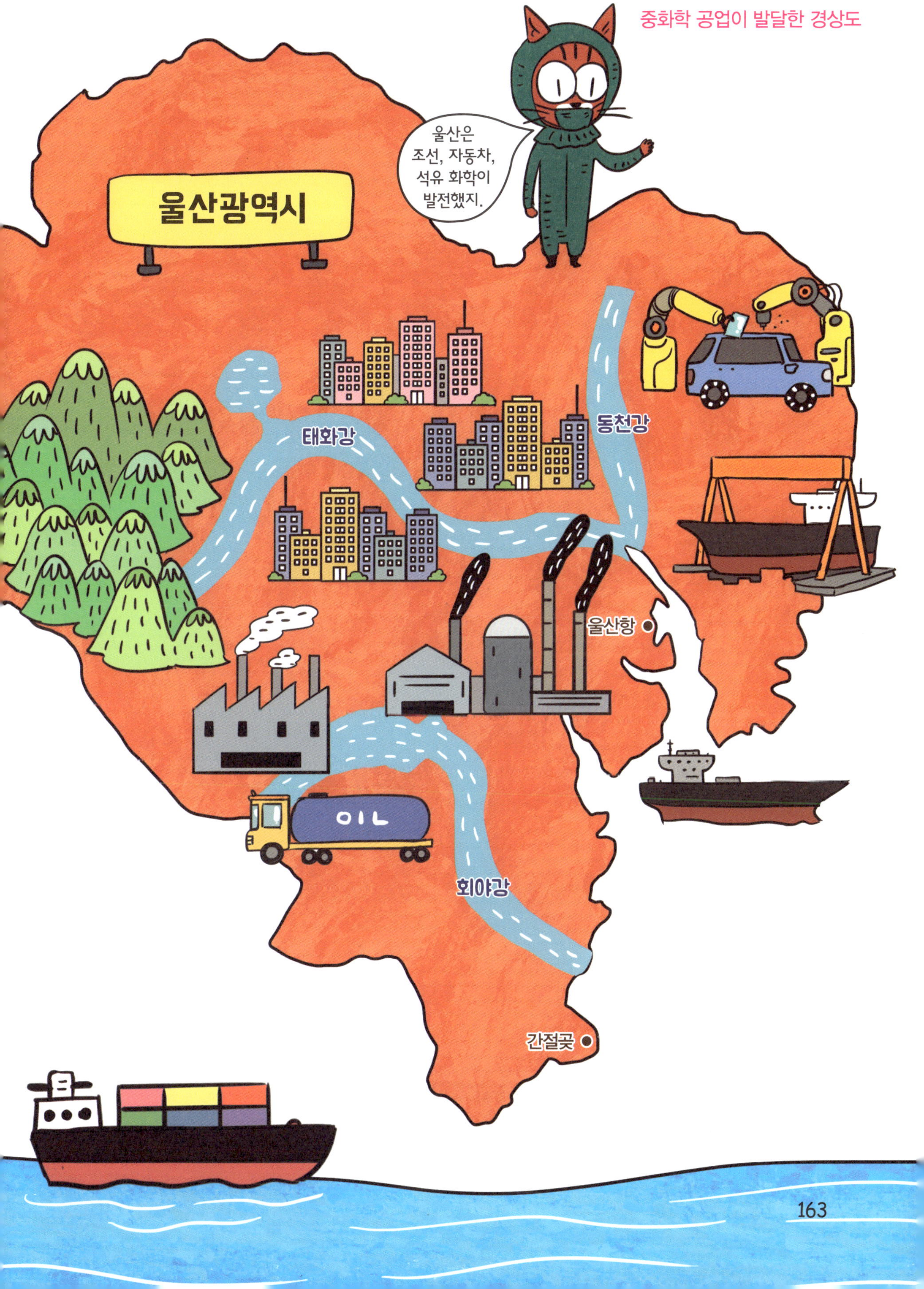
울산은
조선, 자동차,
석유 화학이
발전했지.
울산광역시
태화강
동천강
울산항
OIL
회야강
간절곶

경상도의 대표적인 섬을 찾아 떠나요

우리나라 동쪽 끝에 있는 독도

약 460만 년 전에서 250만 년 전 사이 화산 폭발로 동해에 독도가 생겨났어요. 그런데 독도는 하나의 섬이 아니에요. 동도와 서도를 포함하여 약 89개의 섬으로 이루어져 있어요. 괭이갈매기를 비롯한 새들과 다양한 식물, 곤충, 해양 생물이 사는 곳으로 우리나라의 아름다운 섬 중 하나예요. 그런데 언제부터인가 일본은 우리 땅 독도를 '다케시마'라 부르며 1905년부터 자신들의 땅이 되었다고 억지 주장을 하고 있어요.

일본은 왜 독도를 자기 땅이라고 우길까요? 그것은 독도가 큰 가치를 지니고 있기 때문이에요. 먼저 영토적으로는 독도가 포함되느냐 아니냐에 따라 그 나라의 영해뿐만 아니라 영공의 면적이 달라져요.
경제적으로는 독도 주변이 물고기가 많이 잡힐 뿐만 아니라 바닷속 땅에는 천연가스를 비롯하여 여러 자원이 있지요. 그래서 우리나라는 독도 경비대로 하여금 독도를 잘 지키게 하고 있어요.

눈이 많이 내리는 울릉도

울릉도는 겨울에 눈이 많이 내리기로 유명한 곳이에요. 3미터 이상의 눈이 쌓이는 경우도 자주 있었어요. 그렇게 눈이 많이 쌓이면 집 밖으로 나오기도 쉽지 않겠지요? 그래서 울릉도의 집에는 눈비를 막고, 눈이 많이 쌓여도 지나다닐 수 있는 공간을 마련하기 위한 독특한 시설이 있어요. 바로 '우데기'예요. 우데기는 지붕의 처마 끝에서 땅에 닿는 부분까지 억새로 둘러쳐 만든 벽을 말해요. 또한 눈이 많이 쌓여도 발이 빠지지 않게 걸을 수 있는 설피를 만들어 사용했어요.

울릉도 집 구조

해금강을 품고 있는 거제도

거제도는 우리나라에서 제주도 다음으로 큰 섬이에요. 그리고 섬 남쪽의 바다 경치가 금강산 주변의 해금강만큼 아름다워 거제 해금강이라고 불려요. 아름다운 경치 덕분에 거제도는 한려 해상 국립 공원에 속해 있어 많은 관광객이 이곳으로 여행을 와요. 덕분에 관광 산업이 발달했답니다. 또한 큰 섬이라는 이름에 걸맞게 배를 만드는 조선 산업이 발달했지요.

발길 따라 떠나는 경상도 여행

신라의 수도였던 경주

신라는 약 천 년 동안 경상도를 터전으로 발전했어요. 그래서 경상도에는 신라와 관련된 국가유산이 많이 남아 있어요. 그중에서도 신라의 수도였던 경주는 두말할 필요도 없답니다. 경주에 가면 신라의 대표적 국가유산인 첨성대, 불국사, 석굴암 등을 볼 수 있어요. 유네스코는 경주의 역사 유적 가치를 인정하여 2000년에 세계 문화유산으로 지정하였어요.

살아 있는 자연사 박물관 우포늪

창녕 우포늪은 우리나라에서 가장 오래된 자연 습지로 약 1억 4천만 년 전에 만들어졌어요. 그곳에는 다양한 조류, 어류, 수생 식물들이 살고 있는데 그 종류가 약 1,000종에 이른다고 해요. 그래서 '살아 있는 자연사 박물관', '수생 식물의 교과서'라는 별명을 갖고 있지요. 이러한 우포늪의 가치가 세계적으로 인정되어 람사르 협약★에 보호해야 할 습지로 등록되었어요.

★**람사르 협약** 국제적으로 중요한 습지를 보호하기 위한 국제 협약을 말해요.

공룡 발자국을 보러 떠나요

아주 먼 옛날, 지구에 사람이 살지 않던 시기 우리나라에 공룡들이 살고 있었어요. 어떻게 아냐고요? 경상남도 고성에서 공룡 발자국이 발견됐거든요. 고성 해안가에서는 2천여 개 이상의 공룡 발자국이 발견되어 미국 콜로라도, 아르헨티나 서부 해안과 더불어 세계 3대 공룡 발자국 화석지로 인정되었어요. 고성에서는 매년 공룡 엑스포 축제가 열린답니다.

세계 기록 유산을 보관하는 해인사

경상남도 합천 가야산에는 해인사가 있어요. 이 절에는 유네스코가 인정한 세계 유산이 두 개나 있답니다. 하나는 부처의 힘으로 몽골을 물리치기 위한 마음을 담아 만든 고려 대장경판이에요. 대장경 나무판이 81,258장이어서 '팔만대장경'이라고도 불리지요. 다른 하나는 이 대장경판을 보관하는 건물인 장경판전이에요. 장경판전은 바람이 잘 통하는 구조로 만들어진 것이 특징이에요. 덕분에 이곳에 있는 대장경판 나무는 현재까지 썩거나 상하지 않고 보관될 수 있었답니다.

해인사 장경판전

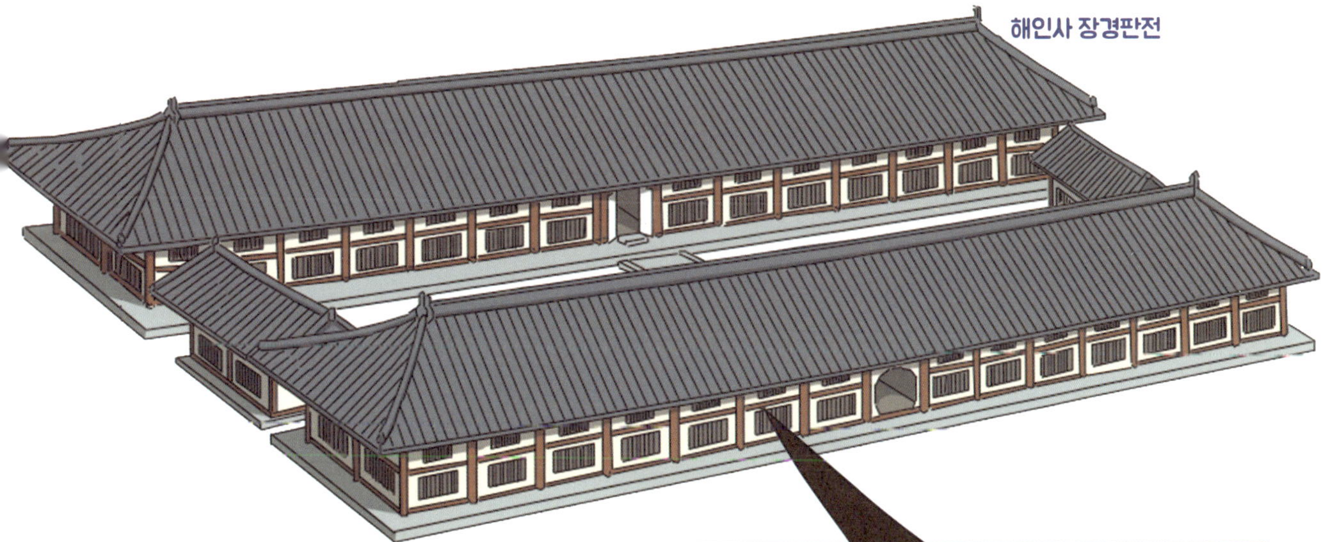

한국 지리 놀이터

우리나라의 각 도와 도시들을 구석구석 살펴보았어요. 새롭게 알게 된 내용이 많다고요? 아래 설명을 보고 알맞은 것끼리 연결해 보세요.

위성 도시들이 서울의 상업, 공업, 행정, 주거 기능을 나누어 하고 있어요.

높고 평탄한 지형 덕분에 고랭지 농업과 목축업이 발달했어요.

강원도

경기도

한반도 어디로든 통해
사통팔달 지역이라고
불러요.

우리나라에서 가장 넓은
호남평야를 품고 있어
쌀이 많이 생산되는
곡창 지대예요.

수도권 다음으로 규모가 큰
남동 임해 공업 지역이
자리 잡고 있어요.

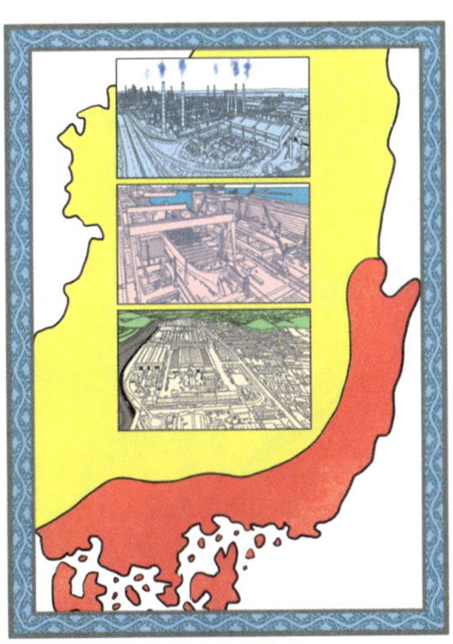

경상도

한양
천안
삼거리
전라도
경상도

충청도

전라도

제주특별자치도는 우리나라에서 가장 큰 화산섬이에요. 육지에서는 볼 수 없는 다양한 자연의 신비와 독특한 풍습을 간직한 곳이지요. 그러다 보니 해마다 많은 관광객이 제주도를 찾고 있어요. 관광객 중에는 우리나라 사람뿐만 아니라 외국인도 많이 있답니다. 아름다운 자연환경과 독특한 문화를 가지고 있는 제주도로 여행을 떠나 볼까요?

자연의 신비가 가득한 제주도

우리나라에서 가장 큰 섬

제주도는 화산섬이에요

제주도는 우리나라 남서쪽 바다에 있는 섬이에요. 섬의 모양을 살펴보면 남북보다는 동서의 길이가 더 길게 펼쳐져 있어요. 섬 중앙에는 한라산이 자리 잡고 있지요. 이 한라산의 화산 폭발로 제주도가 만들어졌어요. 그래서 제주도에는 화산 활동으로 만들어진 지형이 많아요. 용암이 흘러내리면서 생긴 용암 동굴과 용암이 식으면서 생기는 다각형 모양의 기둥인 주상 절리, 오름이라 불리는 작은 기생 화산 등이 있답니다.

아주 오랜 옛날 제주도에 설문대 할망★이 살고 있었어요. 설문대 할망은 얼마나 키가 큰지 아무리 깊은 연못에 들어가도 무릎밖에 오지 않았대요. 힘도 무척 세서 삽으로 흙을 파서 일곱 번 던져 한라산을 만들었다고 해요. 또 할머니 치마에 흙을 담아 나르다가 떨어뜨린 흙덩이가 제주도의 오름이 되었다고 전해요. 그러던 어느 날 설문대 할망이 한라산을 베개 삼아 누워 잠을 자려고 했어요. 그런데 그 봉우리가 너무 뾰족해서 잘 수 없었던 할머니는 봉우리를 떼어서 던졌어요. 봉우리가 떨어져 나간 부분이 한라산 꼭대기에 있는 백록담이 되었대요.

★**할망** 제주도 말로 할머니를 말해요.

다양한 식물이 살고 있는 한라산

한라산은 '하늘에 떠 있는 은하수를 붙잡을 수 있을 만큼 높은 산'이라는 의미를 담고 있어요. 실제 한라산의 높이는 1,947미터로 우리나라에 있는 산 중에서 가장 높아요. 한반도로 치면 백두산에 이어 두 번째이지요. 산이 높은 만큼 한라산에는 다양한 종류의 식물이 살고 있어요. 어느 정도냐고요? 그 종류가 무려 1,800여 종이랍니다.

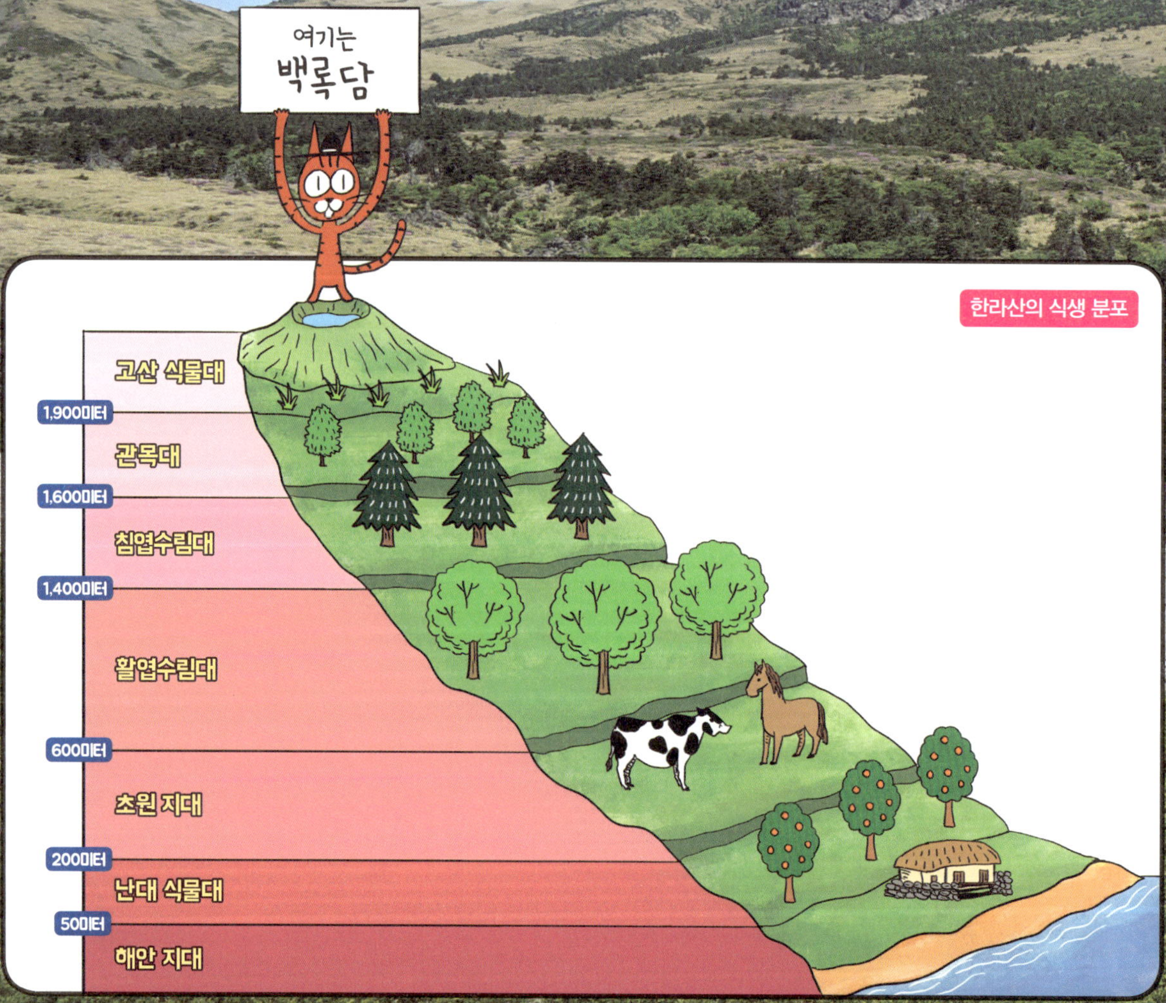

제주도에서는 평상시 냇물이나 강물이 흐르는 것을 보는 게 쉽지 않아요. 비가 온 직후에나 겨우 볼 수 있지요. 그 이유는 제주도 대부분의 지역이 현무암으로 이루어졌기 때문이에요. 현무암은 구멍이 숭숭 뚫려 있는 돌이거든요. 그래서 빗물이 고이지 못하고 지하로 스며들어 바다와 만나는 해안가까지 흘러가 샘물처럼 솟아나게 되는데 이것을 '용천'이라고 해요. 그래서 제주도 사람들은 대부분 용천이 있는 곳에 집을 짓고 살았답니다.

바늘엉겅퀴

복수초

한라구절초

구상나무 열매

발길 따라 떠나는 제주도 여행

세계 지질 공원과 다양한 섬을 찾아가요

제주에는 화산 활동으로 만들어진 한라산 백록담을 비롯하여 수많은 오름과 동굴, 폭포가 있어요. 유네스코는 제주의 아름다운 자연환경을 인정하여 2002년에 생물권 보전 지역, 2007년에는 세계 자연유산, 2010년에는 세계 지질 공원으로 인정했어요. 유네스코가 인정한 자연환경 분야의 3관왕을 차지한 셈이지요. 제주도가 세계 지질 공원으로 인정받을 때 선정된 곳은 한라산, 만장굴 등을 포함하여 9개 장소랍니다.

우리나라에서 가장 큰 섬인 제주도 주변에는 크고 작은 섬이 무려 63개나 있어요. 그중 우도와 마라도를 비롯한 8개 섬에 사람이 살고 있지요. 우도는 제주도 동쪽에 있는 섬이에요. 그 모습이 마치 소가 머리를 내밀고 누워 있는 모습 같다고 해서 붙은 이름이에요. 마라도는 우리나라 가장 남쪽 끝에 있는 섬인데 파도에 깎여 만들어진 절벽인 해식애가 섬 둘레에 펼쳐져 있어요. 이외에도 제주도 북쪽에는 추자도, 서쪽에는 비양도가 유명해요.

유채꽃 축제와 올레길을 즐겨요

봄의 제주도는 온통 노란 꽃으로 뒤덮여 있어요. 그 꽃은 바로 유채꽃이지요. 노란 유채꽃, 푸른 바다, 검은 돌담이 어우러진 제주도의 모습은 무척이나 아름다워요. 성산 일출봉이 보이는 섭지코지와 산방산 근처의 유채꽃밭은 경치가 좋기로 특히 유명해요. 제주도에서는 해마다 유채꽃이 흐드러지게 피는 봄이면 유채꽃 축제를 개최한답니다.

예전에는 제주도 여행을 하려면 주로 자동차를 빌리거나 버스를 탔어요. 제주도에는 기차나 지하철이 다니지 않거든요. 그러나 지금은 다른 방법이 더 있어요. 바로 올레길을 따라 걷는 것이지요. 올레길이 뭐냐고요? '올레'는 제주도 말로 '좁은 골목'이라는 뜻이에요. 걷기 좋은 길을 선정하여 개발한 코스로 올레길을 따라 걸으면 제주도의 이곳저곳을 만날 수 있어요.

한국 지리 놀이터 정답

▼ 32~33쪽

▼ 72~73쪽

▼ 98~99쪽

▼ 172~173쪽